Georg Schwikart

Das neue Ministranten-ABC

Was Messdienerinnen und Messdiener wissen müssen

Mit Illustrationen von Cornelia Kurtz

Butzc

Der Autor dankt Ursula Schwikart †, Klaus-Jürgen Weber, Prof. Dr. Günter Riße und allen voran Ursula Schairer für hilfreiche Anregungen.

Bibliografische Information der Deutschen Nationalbibliothek

Die Deutsche Nationalbibliothek verzeichnet diese Publikation in der Deutschen Nationalbibliografie; detaillierte bibliografische Daten sind im Internet über http://dnb.d-nb.de abrufbar.

Das Gesamtprogramm von Butzon & Bercker finden Sie im Internet unter www.bube.de

ISBN 978-3-7666-0798-0

4. Auflage 2012

Umschlagillustration: Cornelia Kurtz
Umschlaggestaltung: Elisabeth von der Heiden
Satz: cpi Clausen & Bosse, Leck
Printed in the European Union

Inhalt

Quellenverzeichnis

Die Ständige Kommission für die Herausgabe der gemeinsamen liturgischen Bücher im deutschen Sprachgebiet erteilte für die aus diesen Büchern entnommenen Texte die Abdruckerlaubnis.

Die Bibelstellen wurden entnommen der Einheitsübersetzung der Heiligen Schrift, © 1980 Katholische Bibelanstalt, Stuttgart.

1. Kapitel

Ministrant werden, Ministrant sein

Willkommen in einer lebendigen Gemeinschaft!

Willkommen! Du hast dich für eine interessante und verantwortungsvolle Aufgabe in der Pfarrgemeinde entschieden. Sie verlangt einiges von dir, macht aber auch viel Spaß.
Dieses kleine Buch möchte dir eine Hilfe sein für deinen Ministrantendienst. Es erklärt Begriffe, Vorgänge und Gegenstände deiner Tätigkeit in Kirche und Sakristei. Es soll dir verständlich machen, warum man etwas an einer bestimmten Stelle des Gottesdienstes macht, welchen Sinn verschiedene Symbole haben, wo und wann Ministranten zum Einsatz kommen.
Für das praktische Üben am Altar kann dieses Buch kein Ersatz sein: Was reicht man dem

Priester bei der Händewaschung? Und wie funktioniert ein Weihrauchfass? Damit du dich im Gottesdienst sicher fühlst, musst du schon einige Proben mit dem Oberministranten, Küster oder Kaplan mitgemacht haben. Wenn du dann weißt, was du als Ministrant zu tun hast und was dein Tun bedeutet, kannst du den Gottesdienst bewusster miterleben. Und dass du deine Begeisterung für die Sache Jesu nicht nach der Messe auf den Bügel hängst wie dein Gewand, sondern mit hinaus in dein Leben nimmst – das wünscht dir der Autor dieses Buches:

Georg Schwikart
(der als Kind und Jugendlicher selbst 13 Jahre lang mit viel Vergnügen und Eifer ein Messdiener war)

Nicht anders als andere – oder doch?

Unterscheiden sich Messdienerinnen und Messdiener von den anderen Mädchen und Jungen in ihrem Alter? Was meinst du?

Sind nicht Ministrantinnen und Ministranten Kinder wie andere auch? Sie spielen am Computer und trinken gern Cola, sie überarbeiten sich nicht gerade für die Schule und müssen zu Hause an ihre Pflichten erinnert werden, sie bewundern Rennfahrer und interessieren sich für Raumfahrt, sie ziehen sich die Vorabendserien rein und treiben Sport, sie machen sich schön und reiten, sie möchten stark sein und lesen Bücher, sie verlieben sich und wollen cool wirken, sie füttern Haustiere und erzählen sich Witze … Kein Unterschied also

zu jenen Nachbarskindern und Klassenkameraden, die Kirche einfach doof finden?
Wenn andere vielleicht mit „Religion“ überhaupt nichts am Hut haben, dann glauben die Minis doch an Gott und wissen, dass er für sie da ist. Mit Gott kann man immer sprechen, Tag und Nacht, gebührenfrei: *Beten* nennt man das …
Wenn andere vielleicht sonntagmorgens noch im Bett liegen, dann stehen die Minis am Altar und tun ihren Dienst. Sie sind aktiv in ihrer Gemeinde und helfen auch mal außerhalb der Kirche: Sie besuchen eine kranke Freundin und helfen einem Neuen in der Klasse bei den Hausaufgaben …
Wenn andere vielleicht nur an ihren Vorteil denken, dann erinnern sich die Minis daran, dass glücklicher lebt, wer freundlich ist: Wer vertrauen kann, gewinnt Freunde, wer verzeihen kann, findet sein inneres Gleichgewicht.
Ministrantinnen und Ministranten sind keine Heiligen und keine Miniatur-Priester. Aber sie schämen sich auch nicht, katholische Christinnen und Christen zu sein, sondern gehen selbstbewusst ins Leben hinein. Die Gemeinschaft der Ministranten hilft ihnen dabei, die

ganze Gemeinde steht hinter ihnen und Gott gibt seinen Segen dazu.
Nicht anders als andere sind die Minis, oder doch? Was meinst du?

Wusstest du schon ...

- dass in Deutschland rund 26 Millionen katholische Christen leben? Das sind 33 Prozent, also etwa ein Drittel aller Einwohnerinnen und Einwohner.
- dass die meisten Katholiken im Süden und in der Mitte Deutschlands zu finden sind, die wenigsten hingegen in den nord- und ostdeutschen Bundesländern? Von hundert Menschen in Passau (Bayern) sind 89 katholisch; von hundert Menschen in Dresden (Sachsen) sind es nur 5.
- dass in Deutschland ungefähr 390000 Mädchen und Jungen als Ministranten ihren Dienst tun? Die Zahl ist in den letzten Jahren gestiegen! Über fast 60 Messdienerinnen und Messdiener verfügt eine Pfarrei im Bistum Münster! Mehr als 30 Minis pro Pfarrei sind es in den Diözesen Essen, Freiburg, Fulda, Köln, München, Osnabrück, Paderborn und Würzburg. Mit weniger als

zehn pro Pfarrgemeinde müssen nur die Hamburger und die Magdeburger auskommen.

- dass etwa gleich viel Mädchen und Jungen den Ministrantendienst versehen? Die Mädchen haben der Anzahl nach einen ganz kleinen Vorsprung – dabei gab es vor 50 Jahren noch gar keine Ministrantinnen!

HÖFLICH?

Der Pfarrer hat die Familie besucht. – „Nun, Max, gib dem Herrn Pfarrer zum Abschied die Hand“, ermahnt die Mutter ihren Jüngsten. „Und, Max, was sagt man, wenn man sich vom Herrn Pfarrer verabschiedet?“ – „Gott sei Dank!“

2. Kapitel

Die Sakristei

Start und Ziel

Die Sakristei ist jener Raum in der Kirche, in dem sich alle vorbereiten, die den Gottesdienst mitgestalten: Priester und Diakon, die Lektorin, der Kommunionspender, die Organistin und natürlich die Ministrantinnen und Ministranten.
Im Wort „Sakristei“ steckt das lateinische „sacer“, das „heilig“ bedeutet. In der Sakristei befinden sich die Gegenstände für die heiligen Handlungen: Gewänder, Bücher, Kelche, Hostien, Wein, Kerzen, Mikrophone; dazu ein Tresor für wertvolle Gegenstände und für die Kollekte. Chef der Sakristei ist die Küsterin oder der Küster; in manchen Gegenden sagt man auch Mesner oder Sakristan. Zu den Aufgaben des Küsters gehört, die Kirche für den Gottesdienst vorzubereiten: sie schmücken, Glocken läuten, Licht einschalten, Kerzen anzünden – und die Ministranten unter Kontrolle halten.

Die Minis ziehen in der Sakristei ihre liturgischen Gewänder an. Sie waschen sich vorher die Hände, kämmen sich noch einmal und schnappen sich das Gebet- und Gesangbuch. Sie werden still und bereit zur heiligen Feier.

Psalm 121

Ich hebe meine Augen auf zu den Bergen:
Woher kommt mir Hilfe?
Meine Hilfe kommt vom Herrn, der Himmel
und Erde gemacht hat.

Er lässt deinen Fuß nicht wanken; er, der dich behütet, schläft nicht.
Nein, der Hüter Israels schläft und schlummert nicht.
Der Herr ist dein Hüter, der Herr gibt dir Schatten; er steht dir zur Seite.
Bei Tag wird dir die Sonne nicht schaden noch der Mond in der Nacht.
Der Herr behüte dich vor allem Bösen, er behüte dein Leben.
Der Herr behüte dich, wenn du fortgehst und wiederkommst, von nun an bis in Ewigkeit.

Die Psalmen wurden schon vor 3000 Jahren gebetet. Es gibt 150 Psalmen im Alten Testament. Man nennt diese Sammlung auch das „Gebetbuch der Bibel".

URLAUBSPOST

Theresia fährt mit Tante Susanne in Urlaub. Nach einer Woche erhalten Theresias Eltern von Susanne eine Ansichtskarte mit folgendem Text: „Theresia o. k. – ich k. o."

3. Kapitel

Was ist das: ein Ministrant?

Nichts für Langweiler

Aus der lateinischen Sprache übersetzt bedeutet „Ministrant“: der Dienende. Der Ministrant ist jemand, der im Gottesdienst Verantwortung übernimmt und verschiedene Aufgaben erledigt: den Altar decken mit Brot, Kelch und Wein, zum Evangelium leuchten, das Kreuz oder Kerzen tragen, mit Schellen läuten, Geld einsammeln, das Weihrauchfass bedienen, Fahnen halten, Bücher, Öle oder Weihwasser anreichen und anderes. In manchen Gegenden nennt man die Ministranten auch „Messdiener“.

Ein Ministrant hilft den Zelebranten des Gottesdienstes. Das Wort „zelebrieren“ bedeutet: „feierlich begehen“. Zelebranten sind diejenigen, die den Gottesdienst leiten, also der Priester und der Diakon, manchmal sogar ein Bischof. Sie stehen den heiligen Feiern vor, den

Spendungen der Sakramente und den Andachten.
Eigentlich könnte der Zelebrant die meisten Dinge auch selbst tun oder von anderen Leuten erledigen lassen. Warum gibt es dann überhaupt Ministranten, fragst du dich? Weil sie den Gottesdienst schöner und feierlicher machen. Weil sie die Gemeinde am Altar vertreten. Weil sie ein Zeichen setzen: Ihren Dienst verrichten sie für Gott.

Woher kommt der Ministrantendienst?

Manche sagen, schon die Apostel seien Ministranten gewesen, weil sie Jesus halfen. Andere meinen, der Ministrantendienst habe sich etwa so entwickelt: In der Kirche gab es bereits ab dem 6. Jahrhundert mehrere Vorstufen, bis ein Mann zum Priester geweiht wurde. In einigen dieser Vorstufen waren Aufgaben zu erledigen, die heute ein Ministrant übernimmt. Von diesen Vorstufen zum Priesteramt sind heute nur noch wenige geblieben. Die Aufgaben des Ministranten wurden zu einem eigenen Dienst.

Möglich ist auch eine andere Erklärung: Ursprünglich wurden Ministranten in den Klöstern gebraucht. Dort fing man im 8. Jahrhundert an, „private“ Messen zu feiern. Das heißt, jeder Priester feierte jeden Tag eine Messe ganz für sich allein. Er brauchte zumindest einen Menschen, der ihm auf Lateinisch die vorgesehenen Antworten gab, wenn es zum Beispiel hieß: „Der Herr sei mit euch!“ In den Klöstern versahen diese Aufgaben zunächst erwachsene Männer: Mönche, die keine Priester waren.

Doch auch die Gemeindegottesdienste in den Pfarrkirchen wurden immer mehr zu „Privatmessen“ des Priesters: Der Altar war weit weg von der Gemeinde, der Priester stand mit dem Rücken zum Volk und er sprach die lateinische Sprache, die die meisten Leute nicht beherrschten. Wohl um das Jahr 1000 herum wurden zunehmend Jungen für diesen Dienst des Antwortgebens angelernt, als Vermittler zwischen Gemeinde und Priester.

Diese Kinder waren schon das, was wir heute unter Ministranten verstehen. Man wählte keine Mädchen aus, weil man sich von den Jungen eine lautere Stimme versprach. Außerdem erhoffte sich die Kirche von den Jungen auch Erfolge für den Priesternachwuchs. Im Zeitalter des Barock, etwa im 17. Jahrhundert, steckte man die Ministranten in die Kleidung der Hofpagen. Der Gottesdienst wurde wie ein Zeremoniell am Hof europäischer Könige zelebriert. Und wie ein König schmucke Diener zur Zierde hatte, die für ihn Spalier standen, begleiteten den Priester seine Ministranten.

Ministrantendienst heute

Heute ist der Ministrantendienst offen für Mädchen und Jungen. Er ist eine besondere Form der kirchlichen Jugendarbeit. Ein paar Voraussetzungen sind nötig: Empfang der Erstkommunion, Bemühen um Zuverlässigkeit, Spaß am Gottesdienst und die Bereitschaft, den Glauben nicht nur in der Kirche zu leben. Alle katholischen Kinder und Jugendlichen sind eingeladen, mitzumachen und Ministrantin oder Ministrant zu werden.
Außer dem Aufgabenbereich in der Liturgie gibt es in vielen Pfarrgemeinden noch andere Aktivitäten für Ministranten. Man trifft sich zu

regelmäßigen Messdienerstunden, in denen Fußball gespielt oder über einen Bibeltext diskutiert werden kann. Ausflüge in den Zoo oder in die Bischofskirche machen Spaß. Mehrtägige Ferienfahrten in die Jugendherberge oder ins Zeltlager stärken den Zusammenhalt. Manche machen sogar eine Wallfahrt nach Rom! Viele Ministranten engagieren sich mit interessanten Aktionen für Menschen in Not: Sie organisieren einen Trödelmarkt für das Missionsprojekt oder beteiligen sich am alljährlichen Sternsingen. Sie helfen beim Aufbau für das Pfarrfest und verkaufen in der Adventszeit nach der Messe selbst gebackene Plätzchen. Sie entwickeln pfiffige Ideen, wie sie ihre Kasse aufbessern können …

Auch Ministranten brauchen Organisation

Wenn es in einer Gemeinde mehr als zehn Ministranten gibt, ist es sinnvoll, die Messdienerschar in Gruppen aufzuteilen. Das können Mädchen- und Jungengruppen sein; üblich ist aber eher die Aufteilung nach dem Alter. Die Gruppen werden von Gruppenleitern geleitet. Alle Gruppenleiter treffen sich regelmäßig, um Anliegen der ganzen Ministrantengemeinschaft zu besprechen und um Aktionen – wie zum Beispiel gemeinsame Ausflüge – zu organisieren. Aus der Leiterrunde wird die Oberministrantin oder der Oberministrant gewählt, die Ansprechperson für alle Ministranten. In Übereinstimmung mit dem Seelsorger erstellt der Oberministrant den Dienstplan und probt die großen, außergewöhnlichen Gottesdienste vorher mit seinen Kolleginnen und Kollegen durch. Wie lebendig die Ministrantenschar einer Pfarrgemeinde ist, das hängt von ihren Mitgliedern ab – also auch von dir!

Ministranten sind Menschen wie andere auch

Ministranten sind Menschen wie andere auch.
Ihr Gott ist nicht der volle Bauch,
nicht Spardose, Auto und Telespiel.
Die Weltreise ist nicht ihr Lebensziel.

Ministranten sind Menschen, die Jesus
kennen,
die Gott ihren guten Vater nennen.
Sie wollen so leben, wie er es tat,
und folgen wie Jesus dem göttlichen Rat:

Sie versuchen – ganz ohne Heiligenschein –
zu allen Menschen gut zu sein.

MINIQUIZ – NICHT GANZ ERNST GEMEINT

1. Welche Automarke bevorzugt der Oberministrant?
2. Die traditionelle Kopfbedeckung der Priester ist das Birett. Der Hut der Ministranten heißt …

3. Die Einladung an Messdiener zu einem Zeichenkurs steht unter der Überschrift …

4. Die Bergwanderung der Messdiener heißt eigentlich …
5. Das Fachwort für fetzige Kirchenmusik lautet …
6. Eine Badegelegenheit am Meer für rechtschreibschwache Altardiener nennt sich …

7. Die Messdienergewerkschaft fordert in allen Sakristeien die Einrichtung einer …
8. In einem Staat der USA sind auffällig viele Mädchen und Jungen im liturgischen Dienst engagiert – in …
9. Vor allem in Süddeutschland, Österreich und der Schweiz steht auf dem Programm der Messdienerstunden immer wieder …
10. Neu auf dem Markt: dreieckige Schweizer Schokolade, die nach Weihrauch riecht. Das Produkt nennt sich …

(Lösungen auf Seite 151)

4. Kapitel

Liturgie

Eine heilige Welt in unserer unheilen Welt

Alles, was mit dem Gottesdienst zu tun hat, gehört zum Bereich der Liturgie. Die Liturgie ist wie ein eigenes Land: In China zum Beispiel gibt es chinesische Bräuche und chinesische Kleidung. Vergleichbar gibt es eine liturgische Kleidung und liturgische Bräuche.
Wir haben liturgische Geräte und Bücher, die nur im Gottesdienst verwendet werden. Wir benutzen eine liturgische Sprache, die sich von der Sprache unseres Alltags unterscheidet. Und schließlich werden alle, die im Gottesdienst aktiv werden, zu liturgischen Personen – das sind neben Diakon und Priester auch die Ministranten. Sie versehen ihre Aufgaben eben nicht mehr nur als Jessica oder Markus, sondern als Vertreter der Pfarrgemeinde. Sie wirken in der Öffentlichkeit im Dienst der Kirche. Daher leitet sich in etwa auch der griechi-

sche Begriff ab: „Liturgie“ bedeutete im antiken Griechenland „Leistung für den Staat“, später auch „Dienst des Priesters“ im Tempel. Heute bezeichnen wir mit Liturgie den ganzen Bereich der verschiedenen Gottesdienstformen, ja: die ganze Welt des Gottesdienstes.

Feierlicher Rahmen für die Zeichen des Glaubens

Die Liturgie ist ein heiliges Spiel. Die Vergangenheit wird in die Gegenwart hereingeholt. Im Wort der Heiligen Schrift und in den Sakramenten kommt Gott in unser Leben hinein. Wir feiern: Gott ist unter uns! Deswegen bemühen wir uns um eine schöne Gestaltung der Gottesdienste. Deswegen sind die liturgischen Gegenstände oft wertvoll und kostbar gearbeitet. Alle Gläubigen sind an der Liturgie be-

teiligt: Priester und Diakone, Lektorinnen und Kommunionhelfer, die Ministranten und der Kirchenchor, die ganze mitfeiernde Gemeinde. Alle tragen ihren Teil dazu bei, dass in der Liturgie Gott lebendig spürbar werden kann.
Gott lässt sich nicht zwingen. Aber er hat doch versprochen: Wo im Namen Jesu zwei oder drei zusammenkommen, da ist er mitten unter ihnen (vgl. Matthäus 18,20). Liturgie – das ist Gottes Angebot, sich erfahren zu lassen, das ist der Dienst Gottes an uns!

Was das Konzil sagt

Wenn sich alle Bischöfe der römisch-katholischen Kirche versammeln, um über den Glauben und die Kirche zu beraten, dann nennt man das ein „Konzil". Das letzte Konzil fand von 1962 bis 1965 im Vatikan statt. Neben vielen anderen Themen sprach man damals in Rom auch über die Ministranten. Das Konzil stellte fest, dass Ministranten mehr sind als schmückendes Beiwerk, wie etwa bunte Blumen auf dem Altar. Sie versehen einen eigenen liturgischen Dienst. Deswegen sollen die Ministranten auf ihre Aufgaben gut vorbereitet werden und ihr Arbeitsfeld kennen. Vor allem in das Wesen der Liturgie soll man sie sorgsam einführen, denn Ministranten müssen wissen, was sie mitgestalten. Das Konzil drückt das in seiner etwas steifen Sprache so aus:

„Auch die Ministranten, Lektoren, Kommentatoren und die Mitglieder der Kirchenchöre vollziehen einen wahrhaft liturgischen Dienst. Deswegen sollen sie ihre Aufgabe in aufrichtiger Frömmigkeit und in einer Ordnung erfüllen, wie sie einem solchen Dienst ziemt und wie sie das Volk Gottes mit Recht von ihnen verlangt. Deshalb muss man sie, jeden nach seiner Weise, sorgfältig in den Geist der Liturgie einführen und unterweisen, auf dass sie sich in rechter Art und Ordnung ihrer Aufgabe unterziehen."
(Aus: Konstitution über die heilige Liturgie, Kapitel 29.)

Gute Tipps für die Gemeinschaft

Haltet Frieden untereinander!
(...) ermutigt die Ängstlichen,
nehmt euch der Schwachen an,
seid geduldig mit allen!
Seht zu, dass keiner dem andern Böses mit Bösem vergilt, sondern bemüht euch immer, einander und allen Gutes zu tun.
Freut euch zu jeder Zeit!
Betet ohne Unterlass!
Dankt für alles;
denn das will Gott von euch, die ihr Christus Jesus gehört.

(1. Thessalonicherbrief 5,13 b–18)

UNZUFRIEDEN

Mit Tränen in den Augen macht Sophia ihrer Lehrerin Vorwürfe: „Ich bin auch nicht immer zufrieden mit Ihnen – aber habe ich mich deshalb jemals bei Ihren Eltern darüber beschwert?“

5. Kapitel

Die Kirche

Ein Arbeitsplatz ohne Computer

Das Wort „Kirche“ kommt aus der griechischen Sprache. Dort bedeutet „kyriakón“ etwa „das, was zum Herrn gehört“. Wenn wir von „Kirche“ sprechen, meinen wir das Haus, in dem sich die Gemeinde versammelt, um Gottesdienst zu feiern. Wir meinen aber auch die Gemeinschaft aller Glaubenden, die Kirche, die nicht aus Steinen, sondern aus lebendigen Menschen besteht.
Die Christen haben, wie die Angehörigen fast aller Religionen, für ihre Zusammenkünfte eigene Gebäude errichtet: Kirchen, Kapellen und Kathedralen. Was den Juden die Synagoge, den Muslimen die Moschee oder den Buddhisten der Tempel, das ist für die Christen die Kirche: Ort der Begegnung mit Gott und untereinander.
Es gibt große und kleine Kirchen, Dome und Kapellen. Es gibt alte und moderne Kirchen.

Der eine findet eine Kirche wunderschön, der andere hässlich. Wichtig ist, ob in ihren Mauern miteinander Glaube geteilt wird. Die Ausstattung von Kirchen sieht überall verschieden aus, die Bedeutung der Dinge ist aber gleich.

Altar

Der Altar steht im Zentrum der Kirche. Er soll von überall gut gesehen werden können. Er ist ein großer Tisch aus Stein oder Holz, meistens schön gearbeitet und mit Blumen und Kerzen geschmückt. Auf dem Altar wird das Gedächtnis an das letzte Abendmahl Jesu gefeiert. So ist der Altar an sich ein Zeichen für Christus. Das Wort „Altar" bedeutet „Opfertisch".

Ambo

Der Ambo ist der Ort der Verkündigung: ein erhöht stehendes Lesepult. Von dort aus werden die Lesungen aus den biblischen Schriften vorgetragen, das Evangelium verkündigt und die Predigt gehalten. Der Begriff „Ambo" entstand aus dem griechischen Wort für „hinaufsteigen".

Ambo

Tabernakel

Der Tabernakel ist ein wertvoll verziertes Gehäuse, in dessen Inneren sich meistens eine Art Panzerschrank befindet: In ihm wird die Kommunion aufbewahrt, die in einer Messe übrig geblieben ist. Im „Brot des Lebens“ ist Gott bei uns. Die Kniebeuge vor dem Tabernakel gilt also nicht dem Schrank, sondern seinem Inhalt.

Die Hostien werden im Tabernakel aufgehoben, um sie bei Bedarf den Kranken zu bringen oder bei der „Wegzehrung“ einem Sterbenden zu reichen. Auch Gemeinden ohne Priester, die nicht regelmäßig eine Messe feiern, können aus dem Tabernakel die Kommunion für ihren Gottesdienst entnehmen. „Tabernakel“ heißt übersetzt „Zelt“ oder „Hütte“. Der Tabernakel symbolisiert das Zelt Gottes unter den Menschen.

Ewiges Licht

Das Ewige Licht wird – bis auf den Karfreitag – das ganze Jahr über, Tag und Nacht, am Brennen gehalten. Es dient als Hinweis, dass sich im Tabernakel gewandelte Hostien befinden. Die gewandelte Hostie, die man auch Eucha-

Tabernakel

Ewiges Licht

ristie nennt, ist der verborgene Leib Christi – das Zeichen der Gegenwart Gottes unter uns.

Kreuz

In jeder Kirche erinnert das Zeichen des Kreuzes an Jesus Christus, der für die Menschen sein Leben opferte. Das Kreuz hängt meistens an der Stirnseite der Kirche oder über dem Altar. „Kruzifix“ wird ein Kreuz genannt, wenn auf dem Kreuzesbalken eine Nachbildung des Körpers Jesu angebracht ist.

Sedilien

Die Sedilien sind die Hocker, auf die sich Zelebranten und Ministranten im Altarraum setzen. Die Einzahl heißt „Sedile“; man darf aber ruhig vom „Sitz“ sprechen. „Sedile“ heißt einfach „Sitzbank“.

Kredenz

Kredenz

Die Kredenz ist der liturgische Gabentisch: Alle Dinge, die bei der Gabenbereitung benötigt werden, stehen hier bereit. Die Kredenz befindet sich im Altarraum.

Taufbecken

Das Taufbecken steht meistens in der Nähe des Eingangs der Kirche. Hier werden die Taufen vollzogen. Der Abstand zum Zentrum der Kirche, dem Altarraum, soll zeigen: Noch gehört der ungetaufte Mensch nicht zur Gemeinschaft der Christen; ist er aber aufgenommen worden, wird er zur Mitte geführt.

Weihwasserbecken

Die Weihwasserbecken befinden sich in der Nähe des Eingangs. Die Christen, die in die

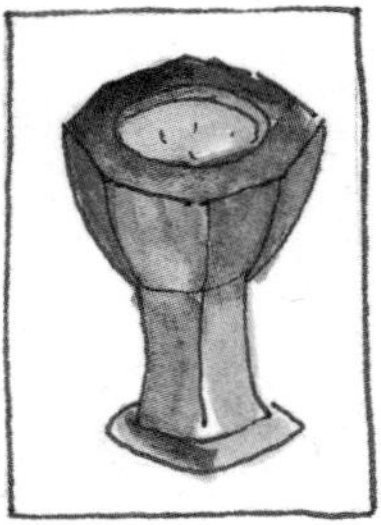

Taufbecken

Weihwasserbecken

Kirche kommen, nehmen mit einem Finger der rechten Hand etwas Weihwasser und bekreuzigen sich damit. Das erinnert sie an das Geschenk und die Verantwortung ihrer Taufe. Um sich auch zu Hause mit Weihwasser segnen zu können, gibt es meistens in einer hinteren Ecke oder in der Sakristei einen großen Behälter mit Weihwasser, aus dem sich jeder nach Bedarf das geweihte Wasser mitnehmen kann.

Beichtstuhl

Der Beichtstuhl ist eine Art Kabine, in der das Bußsakrament gespendet wird. Der Priester hat einen Sitz. Der Gläubige kniet quer dazu auf einem Bänkchen und spricht durch eine durchlässige Trennwand. So können sich die beiden nicht sehen, aber flüsternd verständigen. Beichtstühle stehen an den Seiten der Kirche. Viele Priester bieten aber auch an, an einem anderen Ort zu beichten: in der Sakristei oder in einem Seelsorgezimmer.

Beichtstuhl

Kreuzweg

Vierzehn künstlerisch gestaltete Bilder erinnern an die einzelnen Stationen des Leidenswegs, den Jesus Christus bis zu seiner Kreuzigung zurücklegen musste. Diese Bilder sind oft an den Wänden der Kirche der Reihe nach aufgehängt. So kann der Kreuzweg stationenweise nachgegangen werden.

Osterkerze

In jeder Osternacht wird feierlich eine große Osterkerze entzündet, die als Symbol für den auferstandenen Christus ihr Licht spendet. An dieser Kerze werden in der Osternacht die

Kerzchen der Gläubigen entzündet. Die Osterkerze steht im Altarraum auf einem eigenen, besonderen Leuchter. Sie wird während der Osterzeit bis Pfingsten täglich entzündet, außerdem auch bei anderen Anlässen, wie den Messen für Verstorbene (Exequien), an Allerseelen und bei Taufen.

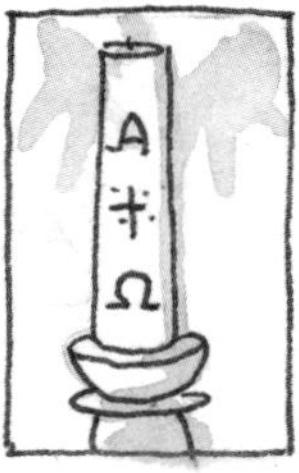

Osterkerze

Apostelleuchter

Zwölf Leuchter, für jeden der Apostel einer, hängen an den Wänden der Kirche. Sie befinden sich an den Stellen, an denen die Kirche geweiht wurde. Zu großen Festen und an den Gedenktagen der Apostel werden die Kerzen entzündet.

Marienaltar / Marienbild

Der Gottesmutter Maria ist in vielen Kirchen ein kleiner Altar oder eine Nische gewidmet: Ein Bild oder eine Statue Marias ist da zu finden, eingerahmt von Blumen. Die Gläubigen haben die Möglichkeit, eine Kerze anzuzünden.

Orgel
Die Orgel gilt als „Königin der Instrumente". Sie hat einen herrlichen Klang, kann laut oder leise gespielt werden. Die Orgel ist wie kein anderes Instrument geeignet, den Gesang der Gemeinde zu unterstützen. Von Gründonnerstag bis zur Osternacht „schweigt" sie allerdings; das erinnert an die Grabesruhe Christi.

Glocken
Im Turm der Kirche befinden sich die Glocken: Sie hängen so hoch, damit ihr Schall weit zu hören ist. Die Glocken sollen die Gläubigen zum Gottesdienst „rufen". Das war vor allem früher wichtig, als die einfachen Leute noch keine Uhren besaßen. Das Geläut der Glocken kündigt an, dass bald die Messe beginnt. Die Glocken läuten auch zu bestimmten Tageszeiten und laden zum Gebet ein. Morgens, mittags und abends wird der „Engel des Herrn" gebetet. Noch heute wird in kleineren Gemeinden durch die Totenglocke bekannt gegeben, dass jemand gestorben ist.

Mädchen am Altar

Vor dreihundert Jahren waren sie undenkbar, vor dreißig Jahren diskutierte man über sie, heute sind sie gottlob eine Selbstverständlichkeit – Ministrantinnen am Altar. Kinder und Jugendliche, die im dritten Jahrtausend den Ministrantendienst versehen, kennen das gar nicht anders: Mädchen und Jungen decken gemeinsam den Altar oder schwingen das Weihrauchfass. Doch das war nicht immer so. Wie nur Männer Priester werden dürfen, durften früher auch nur Jungen Ministrant sein.

Wenn auch heute in den meisten Pfarrgemeinden das Miteinander von Ministrantinnen und Ministranten Alltag ist, so war der Weg dorthin doch häufig mühsam, manchmal sogar mit schmerzlichen Kämpfen verbunden. Ich erinnere mich an eine Diskussion in der Minileiterrunde meiner Heimatgemeinde, etwa 1983. Damals war der Dienst noch fest in männlicher Hand. Die eigenartigsten Argumente wurden ausgegraben, warum man keine Mädchen in Talar und Rochett haben wollte. Zum Beispiel: Mädchen würden ein langes

Hochamt doch gar nicht durchhalten, sie seien zu schwach dazu. Oder: In der Sakristei sei nur eine Toilette.
Mittlerweile kann man darüber lachen, aber damals fiel es einigen sehr schwer, sich weibliche Assistenten bei der Messe, bei Taufen, Hochzeiten und Beerdigungen vorzustellen. Glaubte man wirklich, Mädchen könnten diese Tätigkeiten nicht genauso gut verrichten?
Es ging wohl eher um die Furcht, alte Vorrechte zu verlieren. Eine Sorge war: „Wenn wir mehr Leute werden, kommen wir weniger oft mit dem Dienen dran." Dieser Einwand war nicht von der Hand zu weisen, aber dafür gab es Lösungen, zum Beispiel die Dienste mit mehr Ministranten auszuführen. Warum nicht am Sonntag bei der Hauptmesse acht Messdiener statt nur vier? Auch die jährliche Kollekte für die Ministranten musste jetzt natürlich unter mehr Leuten aufgeteilt werden, aber dafür kam auch mehr Geld zusammen!
Viele Pfarrgemeinden haben die Erfahrung gemacht: Als man die Ministrantinnen als Neuheit einführte, waren die Leute skeptisch und auch der Pfarrer möglicherweise kritisch. Mit der Zeit hat sich jedoch die Veränderung der

Tradition durchgesetzt und irgendwann haben dann alle gemeint, es sei gut so – fast, als wäre es immer schon so gewesen. Die Jungen in der Ministrantengemeinschaft haben gemerkt, dass sich Gruppenstunden auch anders als mit Fußball spielen gestalten lassen und eine Ministrantenfahrt zusammen mit Mädchen viel abwechslungsreicher sein kann. Die Küsterin wird vielleicht festgestellt haben, dass die Mädchen meist zuverlässiger und pünktlicher sind als die Jungen, auch eher daran denken, nach dem Gottesdienst ihre Gewänder wieder auf den Bügel zu hängen …

Die Gemeinschaft der Gläubigen besteht nun einmal aus Männern und Frauen – warum also die Ministrantengemeinschaft nicht auch aus Jungen und Mädchen?

Die Ministrantinnen haben übrigens eine biblische Vorläuferin: eine Frau namens Phöbe, die

„Dienerin der Gemeinde von Kenchreä", wie der Apostel Paulus im Römerbrief schreibt (16,1). Diese Phöbe war wahrscheinlich nicht nur eine einfache Messdienerin, sondern eine Diakonin!

EIN UNDENKBARER VORSCHLAG

Die Ministrantinnen von Frauendorf waren in heller Aufregung: Da hatte Gisela doch vorzuschlagen gewagt, auch Jungen zum Dienst zuzulassen. Luisa empörte sich: „Jungens am Altar? Du spinnst wohl. Wie sähe das denn aus?"
„Also wirklich", gab Maike ihr Recht, „das hat es doch noch nie gegeben!"
Allen Mädchen fielen Gründe ein, warum männliche Ministranten undenkbar seien: Wie würden die denn in den Gewändern aussehen? Lächerlich. Und sowieso hätten die Jungen so einen komischen Gang, ganz unfeierlich. Sie würden nur Blödsinn im Kopf haben, könnten kein Gebet auswendig und wären zu schüchtern, bei den Liedern mitzusingen.
„Wenn ich mir vorstelle, mein Bruder Lars

wäre Messdienerin", lachte Gudrun und alle lachten mit. „Der schüttet doch glatt bei der Gabenbereitung den Wein neben den Kelch!" – „Vielleicht dem Pfarrer über die Hände!", fügte Maike kichernd hinzu.

„Was würde aus unseren gemeinsamen Reitstunden? Die blöden Kerle sind doch zu dumm, um auf ein Pferd zu steigen." Kirsten war klar, dass Jungen bei der Ministrantinnenstunde nur stören würden.

„Wir bringen den ganzen Ministrantinnendienst in Verruf, wenn wir Jungen in unsere Gemeinschaft aufnehmen!", fasste Hildegard die Stimmung zusammen. „Und überhaupt kämen wir ja dann kaum noch mit dem Dienen dran." Maike pflichtete ihr bei: „Sag ich doch: Es war eben schon immer so in Frauendorf, nur Mädchen sind richtige Messdienerinnen!"

Gisela schluckte. Sie hatte die ganze Zeit geschwiegen, als sich ihre Kolleginnen das Maul zerrissen. Alle guckten sie triumphierend an, weil sie meinten, diesen irrsinnigen Vorschlag endgültig abgeschmettert zu haben. Doch Gisela schaute sie mit großen Augen an und sagte mit fester Stimme: „Galater drei, achtundzwanzig."

Die anderen sahen einander ratlos an. Gudrun holte eine Bibel, Hildegard nahm sie ihr aus der Hand, schlug die Stelle im Neuen Testament nach und las vor: „Es hat darum nichts mehr zu sagen, ob einer Jude ist oder Nichtjude, ob er Sklave ist oder frei, ob Mann oder Frau. Durch eure Verbindung zu Jesus Christus seid ihr alle zu einem neuen Menschen geworden." Sie klappte die Bibel zu und grummelte nur: „Das Thema muss wohl noch einmal auf die Tagesordnung."
Und so kam es denn auch …

6. Kapitel

Symbole

Eine Sprache, die alle Christen verstehen

Symbole sind Zeichen, die etwas verdeutlichen wollen, was man eigentlich nicht sehen kann oder was nur schwer mit Worten auszudrücken ist. Wer einem anderen eine Rose schenkt, sagt damit: „Du bist mir wertvoll, ich mag dich gern."
In der Liturgie gibt es viele Symbole. Sie erzählen uns von der Zuneigung Gottes.

Licht
Dunkelheit macht den Menschen Angst. In einem finsteren Keller sind wir froh, wenigstens eine kleine Taschenlampe bei uns zu haben. Das ganze Leben empfinden manche Menschen als schwarze Nacht, wenn sie Schlimmes erleiden müssen. Jesus tröstet sie: „Ich bin das Licht der Welt. Ich mache eure Dunkelheit hell. Ihr braucht keine Angst zu haben."

Das Licht der Kerzen, die von Ministranten zur Verkündigung des Evangeliums gehalten werden, ist ein Symbol für die Frohe Botschaft, die Christus allen Menschen bringt. Auch die Lichter am Weihnachtsbaum oder die Kerzen in der Osternacht erinnern an Jesus, das Licht der Welt.

Wasser

Ohne Wasser ist kein Leben möglich: Pflanzen, Tiere und Menschen brauchen Wasser. Aber es stillt nicht nur den Durst, wir waschen uns und unsere Kleider damit. Schließlich macht es Spaß, darin zu baden und zu schwimmen.

Wasser ist ein Symbol für das Leben und für die Reinigung. Gott schenkt uns das Leben. Er will alles wegnehmen, was uns von ihm trennt. Uns trennt von Gott die Schuld. Die Vergebung der Schuld ist wie eine Reinigung der Seele.

Das Symbol Wasser verdeutlicht bei der Taufe, dass Gott das Leben schenkt. Immer, wenn wir mit Weihwasser das Kreuzzeichen machen, erinnern wir uns an unsere Taufe. Die Händewaschung bei der Gabenbereitung in der Messe ist ein Zeichen, dass der Priester mit reinem Gewissen vor Gott treten will.

Brot und Wein

In vielen Ländern der Erde ist Brot das Grundnahrungsmittel. Brot haben bedeutet auch satt werden können. Der Wein ist ein herrliches Getränk: Er schmeckt gut und macht fröhlich. Wein haben bedeutet Freude genießen. Wein ist nicht lebensnotwendig, aber er steht für die schönen Stunden unseres Lebens.

Brot und Wein sind Früchte der Erde und der menschlichen Arbeit: Von allein wachsen sie nicht, der Mensch muss schon säen, pflanzen, pflegen und ernten. Aber dass Ähren und Reben überhaupt wachsen und gedeihen und Frucht bringen, das kann der Mensch nicht machen, das macht Gott.

Gott will nicht, dass die Menschen hungern müssen. Er will uns satt und fröhlich beim Fest sehen. Doch die Sättigung durch unser Brot hält nicht lange an. Schon bald haben wir wieder Hunger. Und wir hungern nicht nur nach Brot, sondern nach Vergnügen, nach Anerkennung und Liebe, nach Macht und Reichtum.

Jesus sagt: „Ich bin das Brot des Lebens. Wer

von diesem Brot isst, wird nie mehr Hunger haben."

Weihrauch

Die Beräucherung ist ein Zeichen der Verehrung. Die Zeichen von Gottes Gegenwart werden in einer feierlichen Messe inzensiert (beweihräuchert): die Eucharistie, das Evangelienbuch, der Altar und das Kreuz, aber auch der Priester und die ganze Gemeinde. Der wohlriechende Weihrauchduft entsteht, wenn Harzkörnchen auf glühende Kohle gelegt werden. Dieser Brauch ist schon sehr alt und in vielen Religionen verbreitet. Im Psalm 141,2 heißt es: „Wie ein Rauchopfer steige mein Gebet vor dir auf."

Weihrauch

Öl

In alter Zeit waren duftende Öle und Salben schwierig herzustellen und deswegen besonders wertvoll. Die meisten Öle wurden zum Essen gebraucht, und es war etwas Außergewöhnliches, sie zum Einreiben zu verwenden.

Daher galt eine Salbung mit Öl als ein heiliges Zeichen, das jeder verstand: Wer König oder Prophet wurde, dem goss man Öl auf den Kopf. Das machte deutlich: „Du bist jetzt nicht mehr irgendein Mensch, sondern von Gott selbst zu deinem Dienst aufgerufen. Du handelst im Auftrag Gottes.“ Einer tat alles im Namen Gottes: Jesus Christus. Das griechische Wort „Christus“ heißt übersetzt „der Gesalbte“. Auf Hebräisch, der Sprache des Alten Testaments, heißt das „Messias“.

Auch in unserer Liturgie spielt die Salbung eine wichtige Rolle. Bei Taufe, Firmung und den Weihen wird derjenige, der das Sakrament empfängt, mit Chrisam gesalbt, dem heiligen Öl. Diese Salbung drückt aus: „Ich gehöre zu Christus, dem Priester, König und Propheten.“ Gott schenkt den Menschen große Würde. Die Gesalbten macht er – wie Christus selbst – zu Priestern, Königen und Propheten. Jeder Christ ist aufgerufen, das Evangelium in seinem Leben weiterzusagen, die Frohe Botschaft weiterzugeben.

Die Salbung mit Krankenöl zeigt den Kranken im Sakrament der Krankensalbung, dass Gott das Heil will – die Heilung. Wie Jesus sich besonders um die Kranken gekümmert hat, so zeigt die Krankensalbung die besondere Zuwendung Gottes zum leidenden Menschen. Manchmal wird jemand in diesem Leben nicht mehr gesund, sondern erst bei Gott.

Ringe

Ringe sind rund: Der Kreis ist ein Symbol für die Unendlichkeit. Ein Kreis hat keinen Anfang und kein Ende. So ist Gott: ohne Anfang, ohne Ende. Wir nennen das „ewig“. Die Ewigkeit ist keine besonders lange Zeit, sondern außerhalb von Zeit und Raum.
Ringe aus Gold oder Silber sind Schmuckstücke. Eheringe stecken sich die Eheleute bei der Trauung gegenseitig an die Hand, als Zeichen, dass sie zusammengehören.
Eheleute versprechen sich bei der Trauung Treue für ihr ganzes Leben. Das ist eine große Aufgabe. Die Ringe erinnern sie daran. Der Ring will auch ein Zeichen für Gottes Zusage sein, das Paar zu begleiten. Und wenn eine Ehe zerbricht, sagt der Ring, dass Gott größer und stärker ist als die Menschen. Seine Treue hält ewig.
Ringe als Zeichen der Treue tragen auch Non-

nen, also Frauen, die im Kloster leben. Auch Bischöfe und Äbte (Klostervorsteher) tragen Ringe.

Farben

Von besonderer Symbolkraft sind die Farben. Sie stehen für bestimmte Eigenschaften. Die Farben der liturgischen Gewänder wechseln je nach Fest und Tag.

Weiß

Erst alle Farben zusammen ergeben das weiße Licht. Weiß ist die Farbe der Freude und der Reinheit. Täuflinge, Kommunionkinder und Bräute tragen weiße Kleider.

Weiß wird getragen an Weihnachten, Ostern und an Feiertagen von Heiligen, die keine Märtyrer waren. Außerdem ist Weiß die liturgische Farbe für die Taufe, Trauung und die Weihe von Bischöfen, Priestern und Diakonen.

Rot

Feuer und Blut sind rot. Blut versinnbildlicht das Leiden eines Menschen. Die lodernde Flamme, die alles entzündet, ist ein Zeichen für den Geist Gottes.

Rote Gewänder tragen die Zelebranten am Karfreitag und zu Pfingsten, an Heiligenfesten von Märtyrern (das sind Menschen, die für ihren Glauben gestorben sind) und außerdem bei der Firmung.

Violett

Schuld und Trauer können sich wie Dunkelheit auf uns legen. Im Dunkeln sieht man den Weg nicht mehr und hat Angst. Violett ist die Farbe der Buße und der Trauer.
Im Advent und in der Fastenzeit werden violette Gewänder getragen, ebenso bei der Spendung des Bußsakraments und der Krankensalbung. Auch bei Exequien (den Messen für Verstorbene) und zur Beerdigung ist Violett die liturgische Farbe.

Grün

Bäume, Blumen und Blätter leuchten grün. Jeder grüne Grashalm zeigt: Hier gibt es Leben! Und wo es Leben gibt, gibt es Zukunft. Grün ist die Farbe der Hoffnung. An allen Tagen, an denen kein anderes Fest ist, wird Grün getragen: an Wochen- und Sonntagen im Jahreskreis.

Andere liturgische Farben gibt es eigentlich nicht. Manchmal zieht ein Priester zur Beerdigungsmesse eine schwarze Stola an. Gelegentlich wird die Farbe Blau als Farbe der Gottesmutter Maria verstanden. Zweimal im Jahr tragen die Zelebranten Rosa: am dritten Advents- und am vierten Fastensonntag. Weil die liturgischen Texte an diesen Tagen bereits eine Vorfreude ausdrücken, erscheint das dunkle Violett zum Rosa aufgehellt.

Zahlen

Manche Zahlen verbinden wir mit bestimmten Eigenschaften:

3

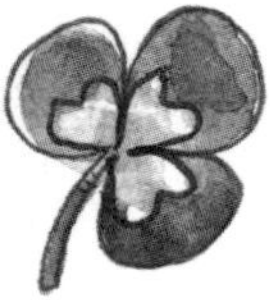

Aller guten Dinge sind drei. Für den heiligen Patrick war ein normales dreiblättriges Kleeblatt ein Symbol der Heiligsten Dreifaltigkeit von Gott Vater, Sohn und Heiligem Geist.

7

Sieben ist die Zahl der Vollkommenheit: Sieben Tage hat die Woche, sieben Töne die Tonleiter, sieben Farben der Regenbogen. Und sieben Sakramente lassen uns Gottes Nähe spüren.

12

Zwölf Stämme Israels und zwölf Apostel – die Zwölf steht für Ordnung. Wie auch jeder Tag zweimal zwölf Stunden hat, jedes Jahr zwölf Monate.

40

Vierzig, diese Zahl steht für den Übergang: Vierzig Tage war Noach mit der Arche unterwegs, bis die Sintflut zu Ende war und Gott einen Bund mit ihm schloss. Vierzig Jahre zog das Volk Israel durch die Wüste, bis es ins Gelobte Land kam. Vierzig Tage meditierte Jesus in der Wüste. Und vierzig Tage bereiten sich die Christen in der Fastenzeit auf das Osterfest vor.

Ich bin ich

Ich bin ich –
nicht aus Zucker, nicht aus Gold;
dass ich bin,
das hat Gott gewollt.

Du bist du –
ein Engel mit 'nem B;
dass du bist,
war auch Gottes Idee.

Wir sind wir –
Gott sieht uns an und lacht;
dass wir sind,
hat er ja gemacht!

ZU SPÄT

Max und Benny trauen sich nicht nach Hause, weil es schon so spät ist. Sagt Max: „Wenn wir jetzt nach Hause kommen, gibt's Ärger." Meint Benny: „Gut, dann warten wir, bis es dunkel ist – dann freuen sie sich, dass sie uns überhaupt wiederhaben!"

7. Kapitel

Haltungen

Ruhe und Aktion

Im Gottesdienst wird alles zum Zeichen, auch unsere Körperhaltung. Der ganze Mensch, Leib und Seele, Innen und Außen sind in die Liturgie einbezogen.
Grundsätzlich bemühen sich die Ministranten um ruhige und schöne Bewegungen, ohne künstlich wie Tänzerinnen oder Roboter zu wirken. Es geht darum, aufmerksam bei der Sache zu sein. Dabei helfen die Haltungen.

Gefaltete Hände
Um beten zu können, ist es wichtig, zur Ruhe zu kommen. Damit unser Geist zur Ruhe kommen kann, soll auch der Körper seine Aktivitäten einschränken. Die fleißigen Hände, die sonst einen Stift, einen Tischtennisschläger oder eine Gabel halten, werden dadurch beruhigt, dass wir sie falten. Es gibt verschiedene Möglichkeiten: Die Hände können flach mit

den Innenseiten gegeneinander gelegt werden, oder die Finger können ineinander verschränkt werden.

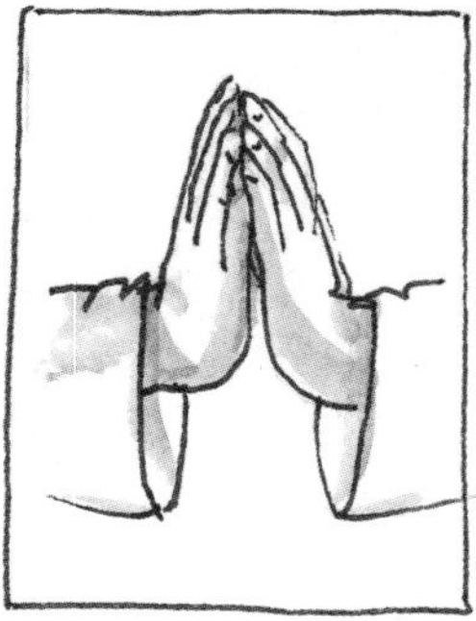

flache Hände

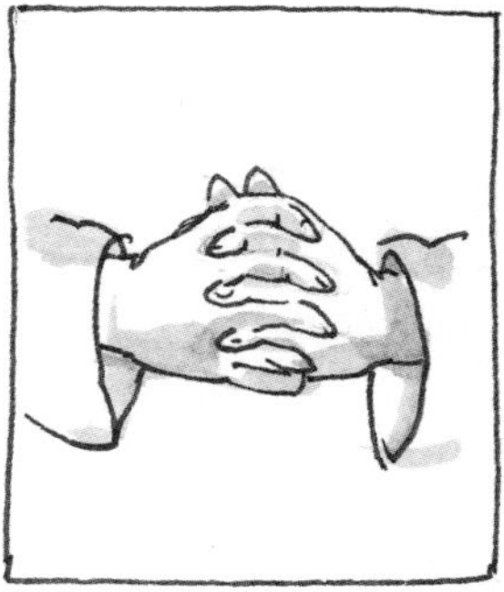

verschränkte Finger

Gehen

Gehen ist eine ganz natürliche Tätigkeit. Im Gottesdienst wird unser ruhiges (nicht betont langsames) Gehen zum Zeichen des Unterwegsseins. Wir machen uns auf den Weg, Gott entgegen.

Für Ministranten, die paarweise zum Altar ziehen, ist es natürlich wichtig, dass sie stets auf gleicher Höhe nebeneinander gehen, nicht so, dass einer vorauseilt und der andere hinterhertrödelt.

Stehen

Wenn Besuch eintritt, stehen wir auf, um ihn zu begrüßen. So stehen wir auch in der Messe in besonders wichtigen Augenblicken auf, zum Beispiel, wenn das Evangelium verkündet wird oder das Hochgebet mit der Präfation beginnt. Stehen ist ein Zeichen für Aufmerksamkeit und Bereitschaft. Wer steht, ist bereit zum Losgehen.

Zwischen verkrampftem Strammstehen und bequemem Herumlümmeln bemühen sich die Ministranten um eine schöne Haltung beim Stehen. Sie lehnen sich nirgendwo an und halten die Füße so nebeneinander, dass sie einen sicheren Stand haben.

Sitzen

Wer sich ausruhen möchte, setzt sich hin. In der ruhigen Haltung des Sitzens können wir aufmerksam den Texten der Heiligen Schrift oder der Predigt zuhören. Doch hängen Ministranten nicht bequem auf den Sedilien wie zu Hause auf dem Sofa, sondern sitzen mit aufrechtem Oberkörper, die Beine nebeneinander gehalten (nie übereinander geschlagen). Die Hände liegen ruhig auf den Knien.

Verneigung / Verbeugung / Kniebeuge
Sich kleiner zu machen, als man ist, gilt als Zeichen der Verehrung. In asiatischen Ländern grüßt man sich durch eine Verbeugung.
Wir kennen in unserer Liturgie verschiedene Abstufungen: Nach einer Handreichung, etwa der Gabenbereitung, verneigen sich die Ministranten vor dem Zelebranten und dieser wiederum vor den Ministranten, als Zeichen des Dankes. Dabei wird der Kopf geneigt.
Vor dem Altar oder dem Kreuz verbeugen sich die Ministranten. Dabei wird der ganze Oberkörper geneigt.
Die Kniebeuge schließlich ist das größte Zeichen der Hochachtung. Sie wird vor dem Tabernakel ausgeführt. Nicht aus dem Gehen heraus, sondern aus dem Stand wird das rechte Knie in Höhe der linken Ferse gebeugt, dass es den Boden berührt – ohne dumpfen Knall, bitte.
Eine besondere Form ist die so genannte „doppelte Kniebeuge“. Sie wird vor der ausgesetzten Monstranz praktiziert. Dafür macht man eine „normale“ Kniebeuge und setzt dann zusätzlich das linke Knie neben das rechte; so kniet man für einen kurzen Augenblick auf

beiden Knien, verneigt sich und steht dann zunächst mit dem linken Bein wieder auf.

geneigter Kopf

geneigter Oberkörper

Kniebeuge

Knien

Vor jemandem zu knien, ist ein Ausdruck der Hingabe. Christen bekennen, dass sie Gott hingegeben sind. Vor ihm knien sie bittend und dankend.

Üblich ist das Knien zur Wandlung und zum Hochgebet. In vielen Gemeinden kniet man auch noch einmal nach dem Agnus Dei („Lamm Gottes"), wenn die gebrochene Hostie hochgehalten wird. Außerdem ist nach dem Kommunionempfang beim Knien Gelegenheit, in Ruhe zu beten.

Ministranten lernen, sowohl beim Hinknien als auch beim Wiederaufstehen ihr Gewand – Talar oder Kutte – so zu raffen, dass sie sich nicht darin verfangen und stolpern.

Kreuzzeichen

Das Kreuz ist das Zeichen der Christen. Sie bekennen: Aus dem Kreuzestod von Jesus von Nazaret ist allen Menschen Gutes erwachsen. Wenn wir das Kreuzzeichen machen, erinnern wir uns daran. Wir stellen uns damit unter das Kreuz.

Beim großen Kreuzzeichen berührt die rechte Hand die Stirn, die Brust, die linke und die rechte Schulter: Der ganze Mensch, seine Seele, sein Leib und sein Geist gehören Gott. Das Kreuzzeichen steht am Beginn und Ende des Gottesdienstes.

Zum Evangelium machen wir das kleine Kreuzzeichen: Mit dem Daumen der rechten Hand zeichnen wir ein Kreuzchen auf die Stirn, auf den Mund und auf das Herz. Das soll uns sagen: Wir sollen die Gute Nachricht mit dem Verstand bedenken, mit dem Mund verkünden und im Herzen bewahren.

Schutzpatron der Ministranten – der heilige Tarsitius

In der Frühzeit des Christentums, im dritten Jahrhundert, lebte in Rom ein junger Mann mit dem Namen Tarsitius. Er gehörte zur kleinen Schar der Christen, die damals wegen ihres Glaubens verfolgt wurden. Christen wurden zeitweise benachteiligt oder bestraft, viele sogar getötet. So mussten sich die Christen heimlich treffen. Mit letzter Sicherheit kann über den heiligen Tarsitius nichts gesagt werden, dafür wissen wir zu wenig über ihn. Aber die Legende erzählt eine tragische Geschichte: Tarsitius war einmal von der Gemeinde beauftragt, den Kranken die Eucharistie zu bringen. Er verbarg die Kommunion unter seinem Gewand. Auf der Straße wurde er von Heiden angepöbelt, was er denn da zu verstecken hätte. Tarsitius wollte den neugierigen Leuten nicht sein kostbares Gut zeigen. Da wurden diese frech und bedrängten ihn. Tarsitius konnte in der Not die Eucharistie noch schnell hinunterschlucken, dann erschlugen ihn die Heiden mit Knüppeln und Steinen.

Tarsitius ist für seinen Glauben gestorben. Er

gehört zur Gruppe der Märtyrer. Sein Grab befindet sich in der Kalixtus-Katakombe an der Via Appia Antica in Rom. Dargestellt wird der junge Heilige als Diakon mit Palme, Steinen und Hostie. Weil Tarsitius im Auftrag der Gemeinde unterwegs war, gilt er als Schutzpatron der Ministranten. Sein Gedenktag ist am 15. August. Die Kirche feiert an diesem Tag schon ein anderes Fest, nämlich „Mariä Himmelfahrt". So ist die Erinnerung an ihn verblasst. Noch heute aber kann der heilige Tarsitius ein Vorbild sein, mutig für die Botschaft Jesu einzustehen.

GEFÄHRLICH

Der Lehrer erklärt Jan die Regeln der Groß- und Kleinschreibung. „Was man anfassen kann, wird großgeschrieben. Warum schreibst du also ‚Löwe' klein?" Antwortet Jan: „Einen Löwen anfassen? Das ist doch viel zu gefährlich!"

8. Kapitel

Dienste

Es gibt viel zu tun

Ministranten üben im Gottesdienst verschiedene Handreichungen aus. Das sind alles keine schweren Arbeiten, und im Notfall kann ein Gottesdienst auch ohne Ministranten stattfinden. Die Ministranten sind aber mehr als ein schöner Schmuck: Sie vertreten die ganze Pfarrgemeinde am Altar. Wenn sie mit ihren Kerzen zum Evangelium leuchten, dann bringen sie damit die Verehrung aller Gläubigen zum Ausdruck. Wenn sie den Altar decken, dann bringen sie damit die Gaben der anwesenden Christen dar.

Die Ministranten nehmen unterschiedliche Aufgaben wahr. Da mögen manche interessanter sein als andere: Mit Weihrauch zu inzensieren, macht vielleicht mehr Spaß als zu kollektieren. Doch alle Dienste sind gleich wertvoll.

Altardiener / Akolyth

Die Akolythen (ausgesprochen: *Akolüten*) decken zur Gabenbereitung den Altar. Sie bringen die Hostienschale, den Wein und den Kelch, sie reichen dem Priester oder Diakon Wasser und das Tuch zur Händewaschung. Nach der Kommunion bringen sie Wasser zur Reinigung der Geräte und decken den Altar ab. In der Regel benötigt man zwei Akolythen für die Messe.

Das Wort „Akolyth" kommt vom griechischen Wort für „Begleiter". Eigentlich bezeichnet es heute eine Vorstufe zum Diakonenamt. Die offiziellen Akolythen werden vom Bischof beauftragt. Doch auch die „normalen" Ministranten versehen den Dienst der Akolythen, wenn sie den Altar bereiten.

Leuchterträger / Zeroferar

Zwei Zeroferare treten zum Evangelium neben den Diakon oder Priester an den Ambo und leuchten. „Zeroferar" kommt von den lateinischen Wörtern „cera" („Wachs"), und „ferre"

(„tragen“) und bezeichnet die Fackel- oder Kerzenträger. Bei festlichen Anlässen können beliebig viele Zeroferare teilnehmen. Bei einfachen Messen kann dieser Dienst von den Akolythen mit übernommen werden.

Weihrauchfassträger / Thuriferar

Der Thuriferar bedient das Weihrauchfass. Das ist eine verantwortungsvolle Tätigkeit, weil sich ja glühende Kohle darin befindet. Der Thuriferar reicht dem Priester oder Diakon das Weihrauchfass. Er inzensiert (beweihräuchert) selbst die Zelebranten und die Gemeinde nach der Gabenbereitung und bei der Wandlung oder bei einem sakramentalen Segen die emporgehaltene Hostie.

Schiffchenträger / Navikular

Der Navikular trägt die Dose mit den Weihrauchkörnern. Diese Büchse ist halbrund geformt und sieht ein bisschen aus wie ein Schiffchen (lateinisch: „navicula“). Deswegen heißt „Navikular“ aus der lateinischen Sprache übersetzt „Schiffchenträger“. Er reicht dem Zelebranten die Dose, wenn er Weihrauch einlegen will. Der Navikular kann bei Bedarf auch selbst Weihrauch nachlegen. Die Dienste des Thuriferar und Navikular werden von erfahrenen Ministranten ausgeübt.

Weihrauchfass

Schiffchen

Kreuzträger / Crucifer

Bei feierlichen Gottesdiensten, beispielsweise an Festen wie Weihnachten oder wenn der Bischof anwesend ist, wird der Einzug der Ministranten und Zelebranten von einem Kreuzträger angeführt. „Crucifer" heißt aus der lateinischen Sprache übersetzt „Kreuzträger". Der Crucifer muss stark genug sein, ein schweres Vortragekreuz halten zu können.

Ein Kreuz wird auch mitgetragen, wenn sich eine Trauergemeinde auf den Weg zum Grab macht. Außerdem wird bei allen Prozessionen ein Kreuz vorangetragen.

Zeremonienmeister / Zeremoniar

Für große Gottesdienste, bei denen manches anders ist als in einer normalen Messe und an denen viele Ministranten teilnehmen, gibt es den Zeremoniar. Er dirigiert den Ablauf und weiß genau, was wer wann zu tun und zu lassen hat.

Der Zeremoniar muss ein erfahrener Ministrant sein, der sich in der Liturgie gut auskennt. Den Ablauf des Gottesdienstes hat er mit dem Priester abgesprochen und übt ihn vorher mit den Ministranten ein. Häufig versieht der Oberministrant den Dienst des Zeremoniars.

Konzentration macht stark

Bunte Bilder stürmen auf mich ein,
Töne und Geräusche, ganz gleich, wo ich bin:
zu Hause, im Schulbus, auf der Straße, im
Geschäft,
überall prasseln Informationen nieder,

regnet es Anregungen und Tipps,
quillt Werbung hervor,
bedrängt mich Interessantes, gemischt mit
Belanglosem.

Ich komme nicht zur Ruhe,
kann mich nicht konzentrieren:
Die Matheaufgaben will ich ohne Rechner
nicht lösen,
einen Faden in eine Nadel einzufädeln, macht
mich nervös,
ich schaffe es nicht, das Buch zu Ende zu le-
sen;
wenn ich das neue Musikstück nicht sofort
spielen kann,
lasse ich es gleich sein;
die Aufgaben für die Biologieklausur kapiere
ich eh nicht,
was soll ich da noch üben;
allen Fragen, die mich betreffen, weiche ich
aus;
beten gelingt schon lange nicht mehr.

Mein Lieblingsprogramm heißt: wegzappen.
Doch wer sich nie durchbeißt,
nie eine Sache zum Ende bringt,

sich nichts mühsam erobert,
der versagt sich selbst das tolle Gefühl,
etwas durch eigene Kraft erreicht zu haben,
was einem nicht als Geschenk in den Schoß
fällt ...

Konzentration macht stark.

RECHNEN

Erste Klasse. „Wer weiß, wie viel zwei mal zwei ist?“ Der kleine Tim meldet sich: „Vier!“ Zur Belohnung bekommt Tim vom Lehrer vier Gummibärchen. „Hätte ich das gewusst“, murmelt Tim, „hätte ich acht gesagt!“

9. Kapitel

Geräte, Gewänder, Bücher

Zubehör für das heilige Spiel

Ein Ministrant hat Umgang mit allerlei Dingen, die sich im Leben außerhalb der Kirche nicht finden: mit ungewöhnlichen Gewändern, die nur im Gottesdienst getragen werden, mit besonderen Geräten oder Büchern für die Messe. Manche dieser Sachen „bedient" der Ministrant. Aber auch jene, die er nicht selbst benutzt, sollte er kennen, um sie anreichen zu können.

Geräte und Beigaben

Auf der Kredenz stehen für die Gabenbereitung:

Kelch: großer Trinkbecher, aus wertvollem Metall (Gold) gearbeitet

Patene: kleine Hostienschale, die auf dem Kelch liegt – ein Tellerchen aus Metall

Ziborium: große Hostienschale

Palla: weißer quadratischer Deckel zum Abdecken des Kelches; aus Stoff gemacht, innen mit Pappe verstärkt

Kelchvelum: Tuch aus dem gleichen Stoff wie das Messgewand; wird über den Kelch mit der Palla gelegt

Kelch mit Patene, daneben eine Palla

Kelchvelum

Korporale: weißes, gefaltetes Tuch in quadratischer Form, auf das später Kelch und Hostienschale gestellt werden

Kelchtuch: kleineres weißes Tuch zur Reinigung des Kelches nach der Kommunion, wird auch Purifikatorium genannt, vom lateinischen „purificare" („reinigen")

Kännchen mit Wein (vielleicht mit einem „V" gekennzeichnet, für lateinisch „vinum" = Wein)

Kännchen mit Wasser (vielleicht mit einem „A" gekennzeichnet, für lateinisch „aqua" = Wasser)

Lavaboschale: Schale aus Glas oder Metall, die zur Händewaschung verwendet wird

Lavabotuch: kleineres weißes Handtuch zum Abtrocknen der Hände nach der Händewaschung

Sonstige Geräte

Monstranz: Kostbares Gehäuse aus Metall mit einem Glasfenster in der Mitte, in dem die Hostie gezeigt wird

Custodia: Dose, in der die große Hostie für die Monstranz im Tabernakel aufbewahrt wird

Pyxis: kostbare Dose, in der geweihte Hostien zu den Kranken gebracht werden

Monstranz

Pyxis

Weihrauchfass: Metallbehälter, oft kugelförmig, an Ketten hängend und mit kleinen Löchern versehen, zum Inzensieren mit Weihrauch

Schiffchen: Behälter für Weihrauchkörner

Vortragekreuz: Kreuz oder Kruzifix an einem Stab, der so hoch wie ein Erwachsener ist; wird bei feierlichen Gottesdiensten, Prozessionen und Beerdigungen verwendet

Aspergill: Weihwasserverteiler, vom lateinischen „aspergere" („bespritzen"). Wedel aus Borsten oder heute meist eine durchlöcherte Metallkugel an einem Griff. In der Kugel befindet sich ein Schwämmchen.

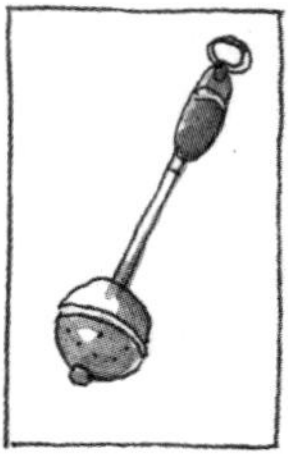

Aspergill

Weihwassergefäß: Eimerchen aus Metall, in dem sich Weihwasser befindet

Schellen: Glöckchen oder Gong zum Zeichengeben während der Messe

Klingelbeutel: Körbchen oder Samtbeutel an einer Stange zum Kollektieren (Einsammeln der Spenden)

Gewänder des Zelebranten (Paramente)

Bei der Messe:

Messgewand: weiter, an den Seiten offener Überwurf. Das Messgewand wird in den liturgischen Farben getragen. Das Messgewand des Priesters nennt man auch „Casel“, das der Diakone „Dalmatik“.

Stola: eine Art Schärpe, das Amtszeichen des Geistlichen. Bischof und Priester legen sie um den Hals, Diakone tragen sie über die linke

Albe

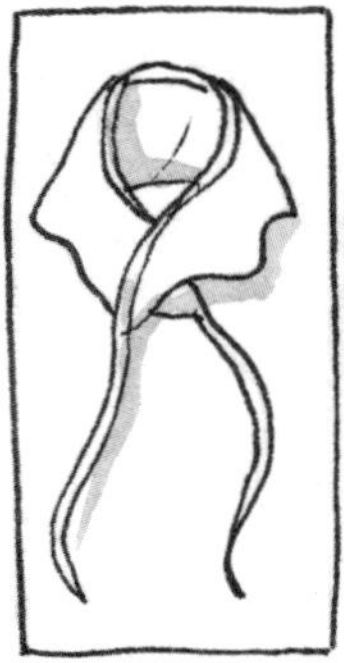

Schultertuch

Messgewand mit Stola

Schulter quer. Die Stola kann über oder unter dem Messgewand getragen werden. Auch sie ist in der jeweiligen liturgischen Farbe gehalten.

Albe: weißes Untergewand, das bis zum Knöchel reicht

Schultertuch: wird als eine Art Kragen um den Hals gelegt

Zingulum: weißer Strick, der die Albe rafft

Bei anderen Gottesdiensten:

Talar: langer schwarzer Mantel, der bis zu den Knöcheln reicht. Früher trugen die Priester auch außerhalb der Kirche einen Talar. Dieser wird Soutane genannt und hat 33 Knöpfe, für jedes Lebensjahr Jesu einen.

Rochett: weiter, weißer Überwurf über dem Talar, eine Art Hemd; wird auch Chorhemd genannt

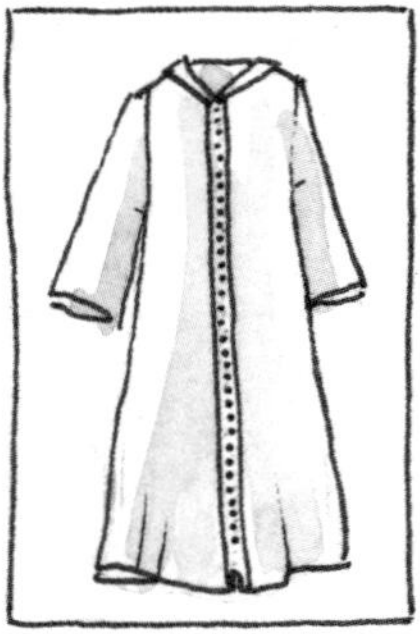

Talar

Rochett

Chormantel (oder Chorrock): weiter ärmelloser Überwurf

Velum: breites Tuch, das dem Diakon oder Priester über die Schulter gelegt wird, wenn er die Monstranz anfasst. Dabei nimmt er sie

Chormantel

Velum

nicht direkt in die Hände, sondern fasst sie mit den im Velum eingelassenen Stofftaschen für die Hände an.

Birett: Kopfbedeckung der Geistlichen, heute nur noch selten getragen

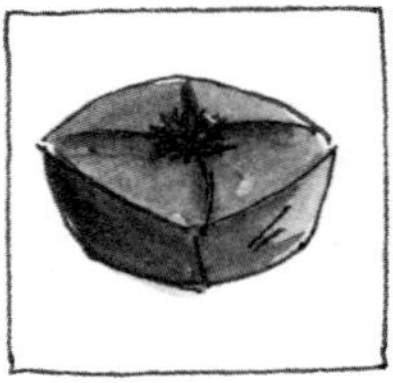

Minis tragen Maxi

Die liturgische Kleidung der Ministranten ist in der Regel für alle Gottesdienstarten die Gleiche. Sie tragen gewöhnlich einen (ärmellosen) Talar und darüber ein Rochett. Der Talar kann schwarz beziehungsweise der liturgischen Farbe entsprechend rot, grün oder violett sein. Früher war in der gleichen Farbe ein breiter Kragen üblich. Immer mehr setzen sich heute weiße oder graue Gewänder für Ministranten durch, die so genannten „Kutten", die in ihrer Form an die Albe des Priesters erinnern.
Diese weiten Gewänder werden mit einem Zingulum auf der Höhe der Hüften gebunden.

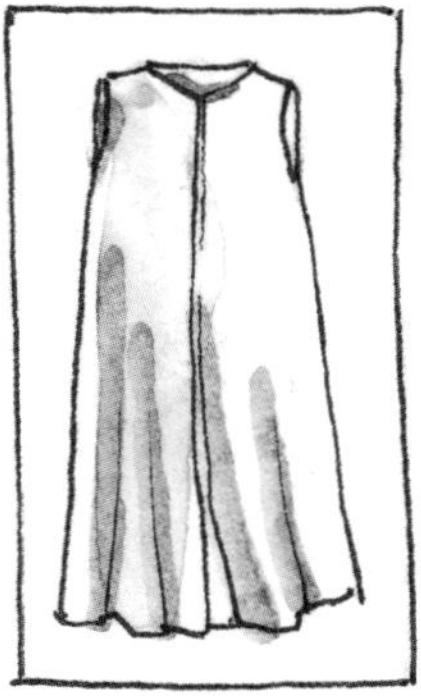

ärmelloser Talar

Kutte mit Zingulum

Das Zingulum – der liturgische Gürtel, der wie ein Seil aussieht – kann naturfarben sein oder in den liturgischen Farben gehalten. Der besondere Knoten dafür muss geübt werden.

Bücher

Messbuch: Buch mit Gebeten und Hinweisen für die Messfeier; wird auch Missale genannt

Lektionar: Buch mit Textabschnitten der Bibel für die Messfeier

Rituale: Für die Sakramentenspendungen gibt es jeweils ein Buch mit den entsprechenden Gebeten.

Benediktionale: Buch mit Segensgebeten für alle Anlässe

Gotteslob: Gebet- und Gesangbuch für alle Gläubigen

Stundenbuch: Gebetbuch der Priester, Diakone und Ordensleute mit Psalmen, Lesungen und Gebeten; wird auch Brevier genannt

Licht braucht alles, was lebt

Licht braucht alles, was lebt.
Wenn sich morgens die Dunkelheit hebt,
leben Kinder, Blumen und Tiere auf,
ein neuer Tag nimmt seinen Lauf.

Trotz Lampen kann es sie geben:
Finsternis in unserem Leben.
Obwohl die Sonne scheint,
hört man ein Kind, das weint.

Gott sagt: „Du brauchst nicht ängstlich sein,
so fürchte dich doch nicht.
Ich trag dich. Du bist nicht allein;
auf jede Nacht folgt Licht!"

WEIHNACHTLICHES BIBELQUIZ

Weißt du Bescheid, genau oder nur halb? Hier sind acht Fragen zur Weihnachtsgeschichte, wie sie die Bibel erzählt. Unter den angegebenen Bibelstellen kannst du die richtige Antwort finden. Hinter jeder Antwortmöglichkeit steht ein Buchstabe. Die richtigen acht Buchstaben ergeben am Ende, korrekt geordnet, das Lösungswort.
Kleiner Tipp: Notiere dir die Buchstaben auf Zettelchen; dann kannst du sie so lange hin- und herschieben, bis sie das passende Wort ergeben.

1. Woher wusste die schwangere Maria, dass sie einen Jungen und kein Mädchen gebären würde? (Lukas 1,30 f.)
Ein Engel Gottes hatte es ihr gesagt. (N)

Sie hatte davon geträumt.
(D)
Ein Arzt hatte es bei einer Untersuchung festgestellt.
(H)

2. Auch die Kusine Marias war schwanger und erwartete einen Sohn. Wie hieß dieses Kind? (Lukas 1,57–60)
Jeremias (G)
Josef (K)
Johannes (M)

3. Wie hieß der Kaiser, der den Befehl zur Volkszählung gab? (Lukas 2,1)
Cäsar (W)
Augustus (E)
Antonius (O)

4. In welchem Landesteil des heutigen Israel liegt die Stadt Betlehem? (Lukas 2,4)
Galiläa (S)
Samaria (Ö)
Judäa (I)

5. Was sangen die Engel nach der Geburt Jesu? (Lukas 2,14)
Herr, erbarme dich, hilf uns doch in unserer Not. (R)
Ehre sei Gott in der Höhe und Friede auf Erden. (L)
Halleluja, Halleluja, Gott ist groß. (J)

6. Über Jesus als Baby sagt die Bibel nicht viel, nur eines: (Lukas 2,12)
Er wurde in Windeln gewickelt. (M)
Er hatte lockiges Haar. (N)
Er schlief viel. (Z)

7. Was waren das für Männer, die aus dem Osten kamen und nach dem neugeborenen Kind suchten? (Matthäus 2,1)
reiche Händler (P)
Sterndeuter (A)
Priester (B)

8. König Herodes ließ alle kleinen Jungen umbringen, weil er sich vor Jesus fürchtete. Wohin flohen seine Eltern mit ihm? (Matthäus 2,13)
nach Syrien (C)

nach Rom (A)
nach Ägypten (U)

Wenn du die Buchstaben der jeweils zutreffenden Antwort in die richtige Reihenfolge bringst, erhältst du das Lösungswort. Es ist lateinisch und ergibt einen Ehrentitel für Jesus Christus. Übersetzt heißt das Wort „Gott ist mit uns". Ein bekanntes Adventslied beginnt so: „O komm, o komm …" – Erst probieren! Wenn es euch nicht gelingt, könnt ihr nachschlagen: bei Matthäus 1,23 oder auf Seite 151 dieses Buches.

10. Kapitel

Aufbau und Ablauf der Messe

Eine unendliche Geschichte

Es gibt viele verschiedene Gottesdienstformen, von der Rosenkranzandacht bis zur Karfreitagsliturgie. Die häufigste Form ist jedoch gleichzeitig die älteste: die Feier der Eucharistie, die Messe.

Die Christen der ersten Generationen lasen bei ihren Zusammenkünften in den Heiligen Schriften, beteten und sangen Lieder. Sie sprachen über Brot und Wein den Segen und teilten die Gaben zum gemeinsamen Mahl aus, wie es ihnen Jesus aufgetragen hatte, zur Erinnerung an ihn.

Schon die ersten Christen kamen regelmäßig am Sonntag zusammen, um gemeinsam über ihren Glauben zu sprechen und sich gegenseitig im Vertrauen auf Gott zu stärken. Vor allem dankten sie Gott: für ihr Leben, für den Glauben, für die ganze Schöpfung, für seine Liebe, die sich in Jesus Christus zeigt. „Eucharistie“ ist ein griechisches Wort und heißt übersetzt „Danksagung“.

Unser deutsches Wort „Messe“ kommt aus der lateinischen Sprache und bedeutet etwa „Entlassung“, oder „Sendung“. „Geht, ihr seid entlassen“ hieß es früher vor der Gabenbereitung für alle, die nicht zur Gemeinschaft der Christen gehörten: die Ungetauften oder die schweren Sünder. Sie durften während der Eucharistiefeier nicht in der Kirche sein und nicht an der Kommunion teilnehmen. Den Begriff der „Sendung“ verstehen wir heute als Aufruf an alle Christen, in die Welt hinauszugehen und den Menschen die Frohe Botschaft weiterzusagen.

Bereits in der jungen Kirche bildete sich für die Treffen der Christen eine feste Form heraus. Die Feiern wurden immer nach dem gleichen Ablauf gestaltet, und es wurden stets die gleichen Gebete gesprochen. Nach und nach entstand das, was wir heute als Messliturgie kennen. Die „Feier der Gemeindemesse“, wie sie durch das Messbuch für alle katholischen Messen auf der Welt vorgesehen ist, geht in ihren Grundzügen auf die ersten Christen zurück.

Ein Thema in vielen Variationen

Die Messe kann verschieden ausgestaltet werden: als schlichte Werktagsmesse oder als feierliches Hochamt an hohen Feiertagen. Ihre Grundform ist jedoch immer gleich.
Ministranten müssen nicht jedes Fachwort kennen, sollten aber mit dem Ablauf der Messe vertraut sein. Das ist nicht nur wichtig, um die Dienste richtig versehen zu können. Nur wer den Ablauf der Messe kennt, kann auch ihren Spannungsbogen verstehen: Die Messe ist ja keine wahllose Aneinanderreihung frommer Texte, sondern ein heiliges Spiel, das uns das Leben von Jesus Christus erzählt. Und nur wer

den Aufbau der Messe versteht, kann die Feier der Eucharistie bewusst mitfeiern: eine unendliche Geschichte, die das Alte immer wieder neu erzählt.
Aus zwei Hauptteilen besteht die Messe: Wortgottesdienst und Mahlfeier. Der Wortgottesdienst findet am Ambo statt, dem „Tisch des Wortes“, die Mahlfeier am Altar, dem „Tisch des Brotes“.
Beide Hauptteile sind wiederum in kleinere Sinnabschnitte unterteilt.

Wortgottesdienst

Eröffnung
Wir bereiten uns auf die Feier der Begegnung mit Gott vor.

Einzug
Zelebranten und Ministranten ziehen feierlich zum Altar: ein Zeichen für unser Unterwegssein zu Gott.

Begrüßung
Die Gemeinde kommt in Gottes Namen zu-

sammen: Im Namen des Vaters, des Sohnes und des Heiligen Geistes.

Schuldbekenntnis – Vergebungsbitte
Schuld trennt uns von Gott – wir sprechen sie aus und erfahren Vergebung.

Kyrie (Herr, erbarme dich)
Wir begrüßen Jesus Christus in unserer Mitte.

Gloria
Wir loben Gott, wie einst die Engel auf dem Feld von Betlehem: Ehre sei Gott und Friede auf Erden!

Tagesgebet
Der Priester fasst das Gebet der Gemeinde zusammen.

Verkündigung
Das Wort Gottes wird uns weitergesagt.

Lesung
Wir hören von den Erfahrungen, die Menschen mit Gott gemacht haben.

Antwortgesang
Über das gehörte Wort denken wir nach.
(Hier kann eine *2. Lesung* folgen. Werden zwei Lesungen vorgetragen, so ist die erste immer aus dem Alten und die zweite aus dem Neuen Testament.)

Hallelujaruf
Wir grüßen Jesus Christus, der im Evangelium selbst zu uns spricht.

Evangelium
Die Frohe Botschaft ist so aktuell wie vor 2000 Jahren.

Predigt
Was hat das Wort Gottes uns hier und heute zu sagen? Das versucht die Predigt zu erklären.

Credo (Glaubensbekenntnis)
Das Evangelium kann nur wirken, wenn wir ihm Glauben schenken. Wir bekennen den Glauben vor Gott und der Welt.

Fürbitten
Diese Welt und alle Anliegen, die wir auf dem Herzen haben, bringen wir vor Gott.

Mahlfeier

Eucharistiefeier
Wir begegnen Jesus Christus im Mahl.

Gabenbereitung – Gabengebet
Die Gaben – Brot und Wein – stehen stellvertretend für alles, was wir sind und haben.

Präfation
Wir erinnern uns an die großen Taten, die Gott für die Menschen vollbracht hat.

Sanctus (Heilig, heilig, heilig)
Wo Gott ist, da ist es heilig. Da man „heilig" nicht steigern kann, rufen wir dreimal „heilig". Wie einst die Menschen beim Einzug Jesu nach Jerusalem flehen wir „Hosanna!". Das ist hebräisch und heißt übersetzt: „Hilf doch!"

Hochgebet mit Einsetzungsbericht (Wandlung)
Erinnerung wird Gegenwart: In der Wandlung

wird aus Brot und Wein, wie Jesus gesagt hat, sein Fleisch und Blut – Zeichen seiner Hingabe für uns, Zeichen seiner Nähe.

Vaterunser
Wir sprechen das große Gebet der Christen als Tischgebet. Jesus selbst hat es uns gelehrt.

Friedensgebet mit Friedensgruß
Gemeinschaft können wir nur erfahren, wenn Frieden herrscht.

Agnus Dei (Lamm Gottes)
Jesus ist für uns gestorben und auferstanden: Das Brechen des Brotes stellt seinen Tod dar.

Kommunion
Der große Gott macht sich ganz klein: Mit dem Brot, das wir empfangen, schenkt er uns Gemeinschaft mit ihm und untereinander.

Schlussgebet
Gottes Wort und Sakrament sind wertvolle Gaben. Wir danken dafür und bitten, sie mögen Frucht bringen in unserem Leben und Glauben.

Entlassung
Die Messe endet, aber der Gottesdienst unseres Lebens geht weiter.

Vermeldungen
Das Leben außerhalb der Messe gehört in den Gottesdienst hinein: Anliegen der Pfarrgemeinde werden weitergegeben.

Segen
Gottes Nähe auf allen Wegen wird uns zugesprochen.

Entlassungsruf
Die Messe ist eine Sendung in die Welt hinaus.

Auszug
Der Gottesdienst hat ein Ende. Der Kontakt zu Gott soll damit aber nicht bis zum nächsten Sonntag abbrechen.

Gottesdienst geht weiter

Ein Wort, ein Lied,
einen Moment spürbarer Nähe Gottes
können wir bestimmt mit nach Hause
nehmen.
Etwas wurde uns geschenkt.
Wer die Messe mitfeiert,

sich öffnet für die Begegnung mit Gott,
geht anders, als er gekommen ist.
Wir gehen wieder auseinander,
jeder Mensch in seine Welt, in seinen Alltag,
nicht aber ohne Gottes Segen, ohne seinen
  Zuspruch:
Ich bin bei euch alle Tage,
bei euch als Gemeinde,
bei jeder und jedem Einzelnen.
Ich bin bei euch, für euch da.
Wir machen noch einmal das Kreuzzeichen,
schließen den großen Kreis der heiligen Feier,
schließen noch einmal den ganzen Menschen
  mit ein.
Gehet hin in Frieden!
Gehet hin und bringt Frieden
in diese Welt, in eure Familien, eure
  Umgebung.
Messe heißt eigentlich: Sendung.
Wir sind gesendet
von Christus als Christen,
als Verkünder der Frohen Botschaft,
als lebendige Beispiele
für die Lebendigkeit Gottes,
für seine Liebe, die allen Menschen gilt.
Wir gehen auseinander

und bleiben dennoch verbunden durch ihn.
Unser Dienst für Gott hat sich jetzt zu
beweisen.
Gottesdienst und Alltag,
Beten und Arbeiten gehören zusammen.
Unser Dienst an Gott muss sich bewähren.
Gottes Dienst an uns hört niemals auf.
Ein letztes Mal sagen wir,
was die ganze Messe sagen will:
Dank sei Gott, dem Herrn.

ERMAHNUNG

Der Lehrer teilt die Klassenarbeiten aus und ermahnt Monika: „Ich hoffe sehr, dass ich dich nicht noch einmal beim Abschreiben erwische!“ Monika antwortet: „Das hoffe ich auch, Herr Lehrer!“

11. Kapitel

Verschiedene Gottesdienste

Das gleiche Thema in unterschiedlichen Formen

Die Hauptaufgabe des Ministranten ist sein Dienst bei der Messe. Daneben gibt es allerdings noch eine Reihe anderer Gottesdienstarten, bei denen er mitwirkt.

Taufe

Bei der Taufe reicht der Ministrant dem Taufspender (Diakon oder Priester) die heiligen Öle und das Taufwasser. Wenn kein Taufbecken vorhanden ist, hält der Ministrant beim Übergießen mit Wasser eine Schale unter den Kopf des Kindes. Anschließend reicht er ein Tuch zum Abtrocknen. Am Ende hält er dem Taufspender das Taufrituale hin, damit dieser mit ausgebreiteten Armen den Segen über das Kind, seine Eltern, die Paten und die ganze Taufgemeinde sprechen kann.

Die Taufe wird häufig als eigener Gottesdienst gefeiert, kann jedoch auch innerhalb einer Messe nach der Predigt stattfinden.

Trauung

Bei der Hochzeit reicht der Ministrant das Tablett mit den Ringen und das Weihwasser. Er hält dem Priester oder Diakon das Trauungsrituale hin, damit dieser mit ausgebreiteten Armen den Segen über die Ringe und das Brautpaar sprechen kann.
Auch die Trauung wird häufig als eigener Gottesdienst gefeiert, kann jedoch innerhalb einer Messe nach der Predigt stattfinden.

Beerdigung

Eine Beerdigung findet häufig im Anschluss an die Messe für den Verstorbenen (Exequien) statt. Priester oder Diakon und die Ministranten gehen dann zur Friedhofskapelle. Die Ministranten tragen ein

Kreuz und Weihwasser. In der Kapelle stehen sie vor oder neben dem Sarg. Nach der kleinen Andacht gehen sie mit dem Priester oder Diakon vor dem Sarg in Prozession zum offenen Grab. Dort reichen sie dem Zelebranten das Weihwasser und das Kreuz.

Andachten

Zu verschiedenen Anlässen können Andachten gehalten werden. Andachten sind Gottesdienste ohne Sakramentenspendung, in denen gebetet und gesungen wird: z. B. Rosenkranzandacht, Kreuzweg, Maiandacht, Bußandacht, Andacht am Sonntagnachmittag, Segnungsandacht; auch die Vesper, das feierliche Abendgebet, ist eine Andacht.

Ministranten begleiten den Priester oder Diakon mit Leuchtern. Einen besonderen Dienst bei der Andacht versehen die Ministranten, wenn der sakramentale Segen gespendet wird. Dann bedienen sie das Weihrauchfass und legen dem Priester oder Diakon das Velum um. Beim Segen selbst inzensieren und schellen sie. Anschließend nehmen sie das Velum wieder ab.

Firmung
Die Firmung wird während einer Messe vom Bischof gespendet. Die Ministranten halten während des Hochamts in bestimmten Phasen seinen Stab und seine Mitra. Zur Firmung, die im Anschluss an die Predigt erfolgt, reichen die Ministranten dem Bischof das Chrisam. Anschließend, wenn alle Firmlinge das Sakrament empfangen haben, bringen sie dem Bischof Kleie und Wasser zur Reinigung der Hände. Außerdem bekommt der Bischof noch einmal nach der Kommunion Wasser und Tuch zur Händewaschung gereicht.

Außergewöhnliche Gottesdienstformen
Es gibt noch eine Reihe anderer Gottesdienstformen, die in vielen Pfarrgemeinden allerdings eher selten sind: die Aufnahme erwachsener Getaufter in die Kirche, Diakonats- und Priesterweihen, Feiern der Ordensprofess und

andere. Auch bei diesen Gottesdiensten versehen die Ministranten verschiedene Dienste, für die sie eigens vorher eingewiesen werden.

Leben mit den Sakramenten

Sieben Tage hat die Woche.
Sieben Noten bilden die Tonleiter.
Sieben Farben schmücken den Regenbogen.

Gottes Geist schenkt sieben Gaben.
Gott beauftragt zu sieben Werken der Nächstenliebe.
Gott begegnet uns in sieben Sakramenten.

Sakramente wollen zusammenführen:
die Glaubenden untereinander,
die Glaubenden und Gott.

Sakramente sind heilige Zeichen:
Sie ersetzen nicht den Glauben an Gott,
sie wollen uns beim Glauben helfen.

Sakramente begleiten uns in sieben Lebensaltern:

als Säugling, Schulkind, Jugendlichen, Heranwachsenden,
als Erwachsenen, alten Menschen und Greis.

Die Zahl Sieben ist das Zeichen für etwas Gelungenes, Vollkommenes.
Sieben Sakramente sind eine Hilfe,
damit unser Leben aus dem Glauben gelingt.

Gott ist für uns da. Er ist ansprechbar, er spricht uns an:
nicht nur siebenmal –
sondern jeden Augenblick an jedem Tag.

GUTE VORSÄTZE

In der Messdienerstunde fassen die Kinder einen guten Vorsatz für die kommende Woche: „Ich will jemanden froh machen.“ – Beim nächsten Treffen fragt der Kaplan: „Wer hat daran gedacht?“ Meldet sich Tina: „Ich habe meine Oma besucht, und sie war froh, als ich wieder fortging.“

12. Kapitel

Texte des Gottesdienstes

Die Parole heißt nicht immer Amen

Früher sprachen die Ministranten stellvertretend für die Gemeinde die lateinischen Gebete. Heute sprechen sie mit der Gemeinde die Antworten auf die Zurufe der Zelebranten und die liturgischen Texte.

Ministranten sollen die Antworten auswendig können, die Gebete mitsprechen und außerdem auch die Lieder mitsingen. Wer ein langes Gebet nicht auswendig weiß, der kann es im Gebet- und Gesangbuch aufschlagen und mitlesen. Wer regelmäßig die Messe mitfeiert, lernt die verschiedenen Texte ganz automatisch auswendig.

Um deutlich zu machen, welche Texte die Ministranten bei einer Messe (mit)sprechen, sind diese im Folgenden in kursiver Schrift gehalten.

Vor dem Gottesdienst in der Sakristei

Priester / Diakon: Unsere Hilfe ist im Namen des Herrn.
***Ministranten**: Der Himmel und Erde erschaffen hat.*

Vor wichtigen Augenblicken im Gottesdienst

Priester / Diakon: Der Herr sei mit euch!
***Alle**: Und mit deinem Geiste.*

Schuldbekenntnis

Ich bekenne Gott, dem Allmächtigen,
und allen Brüdern und Schwestern,
dass ich Gutes unterlassen und Böses getan habe
– ich habe gesündigt in Gedanken, Worten und Werken –
durch meine Schuld,
durch meine Schuld,
durch meine große Schuld.

Darum bitte ich die selige Jungfrau Maria,
alle Engel und Heiligen
und euch, Brüder und Schwestern,
für mich zu beten bei Gott, unserem Herrn.

Kyrie (Herr, erbarme dich)

Priester: Herr, erbarme dich (unser).
Alle: *Herr, erbarme dich (unser).*
Priester: Christus, erbarme dich (unser).
Alle: *Christus, erbarme dich (unser).*
Priester: Herr, erbarme dich (unser).
Alle: *Herr, erbarme dich (unser).*

oder:
Priester: Kyrie eleison.
Alle: *Kyrie eleison.*
Priester: Christe eleison.
Alle: *Christe eleison.*
Priester: Kyrie eleison.
Alle: *Kyrie eleison.*

Gloria

Ehre sei Gott in der Höhe
und Friede auf Erden den Menschen seiner Gnade.
Wir loben dich,
wir preisen dich,
wir beten dich an,
wir rühmen dich und danken dir,
denn groß ist deine Herrlichkeit:
Herr und Gott, König des Himmels.
Gott und Vater, Herrscher über das All.
Herr, eingeborener Sohn, Jesus Christus.
Herr und Gott, Lamm Gottes, Sohn des Vaters,
du nimmst hinweg die Sünde der Welt:
erbarme dich unser;
du nimmst hinweg die Sünde der Welt:
nimm an unser Gebet;
du sitzest zur Rechten des Vaters:
erbarme dich unser.
Denn du allein bist der Heilige,
du allein der Herr,
du allein der Höchste:
Jesus Christus,
mit dem Heiligen Geist,
zur Ehre Gottes des Vaters. Amen.

Nach der Lesung

Lektorin / Lektor: Wort des lebendigen Gottes!
Alle: *Dank sei Gott.*

Ruf vor dem Evangelium

Diakon / Priester / Vorsänger: Halleluja, Halleluja, (Halleluja)!
Alle: *Halleluja, Halleluja, (Halleluja)!*
Diakon / Priester / Vorsänger: (wechselnder Vers)
Alle: *Halleluja, Halleluja, (Halleluja)!*

Zum Evangelium

vorher:
Diakon / Priester: Aus dem heiligen Evangelium nach …
Alle: *Ehre sei dir, o Herr.*

nachher:
Diakon / Priester: Evangelium unseres Herrn Jesus Christus.
Alle: *Lob sei dir, Christus.*

Credo (Glaubensbekenntnis)

Ich glaube an Gott,
den Vater, den Allmächtigen,
den Schöpfer des Himmels und der Erde,
und an Jesus Christus,
seinen eingeborenen Sohn, unseren Herrn,
empfangen durch den Heiligen Geist,
geboren von der Jungfrau Maria,
gelitten unter Pontius Pilatus,
gekreuzigt, gestorben und begraben,
hinabgestiegen in das Reich des Todes,
am dritten Tage auferstanden von den Toten,

aufgefahren in den Himmel,
er sitzt zur Rechten Gottes, des allmächtigen Vaters,
von dort wird er kommen,
zu richten die Lebenden und die Toten.
Ich glaube an den Heiligen Geist,
die heilige katholische Kirche,
Gemeinschaft der Heiligen,
Vergebung der Sünden,
Auferstehung der Toten
und das Ewige Leben.
Amen.

Fürbitten

Antwort auf die Fürbitte:
Alle: *Wir bitten dich, erhöre uns.*
oder:
Lektorin / Lektor: Christus, höre uns.
Alle: *Christus, erhöre uns.*

Zum Gabengebet

Priester: Betet, Brüder und Schwestern, dass mein und euer Opfer Gott, dem allmächtigen Vater, gefalle.
Alle: *Der Herr nehme das Opfer an aus deinen Händen,*
zum Lob und Ruhme seines Namens,
zum Segen für uns und seine ganze heilige Kirche.

Zur Präfation

Priester: Der Herr sei mit euch.
Alle: *Und mit deinem Geiste.*
Priester: Erhebet die Herzen.
Alle: *Wir haben sie beim Herrn.*
Priester: Lasset uns danken dem Herrn, unserem Gott.
Alle: *Das ist würdig und recht.*

Sanctus (Heilig, heilig, heilig)

Heilig, heilig, heilig
bist du, Herr aller Mächte und Gewalten.
Erfüllt sind Himmel und Erde von deiner Herrlichkeit.
Hosanna in der Höhe.
Hoch gelobt sei, der da kommt im Namen des Herrn. Hosanna in der Höhe.

Nach der Wandlung

Priester / Diakon: Geheimnis des Glaubens.
Alle: *Deinen Tod, o Herr, verkünden wir*
und deine Auferstehung preisen wir,
bis du kommst in Herrlichkeit.

Vaterunser

Vater unser im Himmel,
geheiligt werde dein Name.
Dein Reich komme. Dein Wille geschehe,
wie im Himmel, so auf Erden.
Unser tägliches Brot gib uns heute.

Und vergib uns unsere Schuld,
wie auch wir vergeben unseren Schuldigern.
Und führe uns nicht in Versuchung,
sondern erlöse uns von dem Bösen.
Denn dein ist das Reich und die Kraft und die Herrlichkeit in Ewigkeit. Amen.

Friedensgruß

Priester: Der Friede des Herrn sei allezeit mit euch!
***Alle:** Und mit deinem Geiste.*

Agnus Dei (Lamm Gottes)

Lamm Gottes, du nimmst hinweg die Sünde der Welt.
Erbarme dich unser.
Lamm Gottes, du nimmst hinweg die Sünde der Welt.
Erbarme dich unser.
Lamm Gottes, du nimmst hinweg die Sünde der Welt.
Gib uns deinen Frieden.

Einladung zur Kommunion

Priester: Seht das Lamm Gottes, das hinwegnimmt die Sünde der Welt.
Alle: *Herr, ich bin nicht würdig, dass du eingehst unter mein Dach,*
aber sprich nur ein Wort, so wird meine Seele gesund.

Entlassungsruf

Diakon / Priester: Gehet hin in Frieden.
Alle: *Dank sei Gott, dem Herrn.*
in der Osterzeit:
Diakon / Priester: Gehet hin in Frieden, Halleluja, Halleluja!
Alle: *Dank sei Gott, dem Herrn, Halleluja, Halleluja!*

Außerdem gehören zu den wichtigen Gebeten:

Gebet für die Verstorbenen

Priester / Diakon: Herr, gib allen Verstorbenen die ewige Ruhe.
Alle: *Und das ewige Licht leuchte ihnen.*
Priester / Diakon: Lass sie ruhen in Frieden.
Alle: *Amen.*

„Ehre sei dem Vater"

Ehre sei dem Vater
und dem Sohn
und dem Heiligen Geist,
wie im Anfang
so auch jetzt und allezeit
und in Ewigkeit. Amen.

Ave Maria

Gegrüßet seist du, Maria, voll der Gnade,
der Herr ist mit dir.
Du bist gebenedeit unter den Frauen,
und gebenedeit ist die Frucht deines Leibes,
Jesus.

Heilige Maria, Mutter Gottes,
bitte für uns Sünder,
jetzt und in der Stunde unseres Todes. Amen.

Schlussformel bei Andachten

Priester / Diakon / Vorbeter: Gelobt sei Jesus Christus!
***Alle**: In Ewigkeit. Amen.*

Wechselgebet beim Segen des Bischofs

Bischof: Der Name des Herrn sei gepriesen.
***Alle:** Von nun an bis in Ewigkeit.*
Bischof: Unsere Hilfe ist im Namen des Herrn.
***Alle:** Der Himmel und Erde erschaffen hat.*
Bischof: Der Friede sei mit euch.
***Alle:** Und mit deinem Geiste.*

Bitten, loben, danken

Bitten, loben, danken –
Gebet kennt keine Schranken.
Weinen, Singen, Klagen,
ungeklärte Fragen:
Gott kann ich es sagen!

Ob Kirche oder Straßenbahn,
ein jeder Ort bietet sich an.
Im Bett oder beim Fußball,
im Schulbus oder Kuhstall:
Gott hört mich überall.

Allein und auch in froher
Runde,
beten geht zu jeder Stunde.
Bei Sonne oder Regen,
auf allen meinen Wegen:
Gott kommt mir entgegen.

REINGESPUCKT

Heiko sitzt im Café und trinkt eine Cola. Er muss mal dringend zur Toilette und hat Angst, dass jemand von seiner Cola trinkt. Also schreibt er auf einen Zettel: „Ich habe reingespuckt“ und lehnt ihn an das Glas. Als er wiederkommt, steht in einer anderen Handschrift darunter: „Ich auch!“

13. Kapitel

Das Kirchenjahr

Ein Jahr voller Feste, Feiertage und Gedenktage

Gott lebt unter uns Menschen. Aber Gott existiert auch da, wo es keine Menschen gibt: außerhalb unserer Welt. Wir nennen das die Ewigkeit. In der Ewigkeit gibt es keine Zeit und nicht die Grenzen des Raums.

Doch auf unserer Erde leben wir in der Zeit. Wir unterteilen sie in kleine und große Abschnitte, von der Sekunde bis zum Jahrtausend. Eine überschaubare Zeitspanne, die die Erde selbst durch die Natur vorgibt, ist das Jahr. Ein Jahr braucht die Erde, um die Sonne zu umkreisen. Wir unterteilen das Jahr normalerweise in die vier großen Jahreszeiten Frühling, Sommer, Herbst und Winter.

Die Kirche orientiert sich nicht nur am Lauf der Natur, sondern vor allem am Leben von Jesus. Die besonderen Ereignisse seines Lebens werden im Laufe eines Jahres als Feste gefei-

ert, zum Beispiel seine Menschwerdung und Geburt an Weihnachten, seine Auferstehung von den Toten an Ostern. Vor diesen Festen liegen Zeiten der Vorbereitung: der Advent und die Fastenzeit. So erleben wir während eines Jahres alle Stationen des Lebens von Jesus Christus mit. Im Kirchenjahr denken wir auch an die großen Heiligen. Sie haben Gedenktage, an denen ihre Namensträger den Namenstag feiern. Der wichtigste Feiertag ist aber jeder Sonntag. Am ersten Tag der Woche kommen wir Christen zum Gottesdienst zusammen und danken Gott für seinen Sohn Jesus Christus, der am ersten Tag der Woche auferstanden ist.
Die Feste des Kirchenjahres sind in eine Rangfolge unterteilt. Sie sieht so aus:

- Hochfeste
- Feste und Sonntage
- Gedenktage der Heiligen
- „kleine" Gedenktage der Heiligen (können, müssen aber nicht gefeiert werden)
- Wochentage im Jahreskreis

Das Kirchenjahr beginnt nicht am 1. Januar, sondern mit dem 1. Advent.

Der weihnachtliche Festkreis Adventszeit

Advent mit

- vier Adventssonntagen
- Weihnachtszeit mit
- Heiligabend / Weihnachten (24. / 25. Dezember)
- Erscheinung des Herrn („Heilige Drei Könige“ am 6. Januar)
- Taufe des Herrn (Sonntag nach Erscheinung des Herrn)

Der österliche Festkreis

Österliche Bußzeit (Fastenzeit)

- Aschermittwoch
- fünf Sonntage der Fastenzeit
- Palmsonntag (Sonntag vor Ostern), er eröffnet die
- Heilige Woche / Karwoche, darin die
- drei österlichen Tage vom Leiden, Tod und Auferstehung des Herrn: Gründonnerstag, Karfreitag und Ostern

Osterzeit
- Weißer Sonntag (Sonntag nach Ostern)
- sechs Sonntage der Osterzeit
- Christi Himmelfahrt
- 7. Sonntag der Osterzeit
- Pfingsten

Die Zeit im Jahreskreis

Die Zeit im Jahreskreis ist die längste Phase im Kirchenjahr: Zwischen dem weihnachtlichen und dem österlichen Festkreis liegen nur ein paar Wochen; der Jahreskreis umfasst dann die lange Zeit von Pfingstmontag bis zum Tag vor dem 1. Advent. Unterbrochen wird dieser „liturgische Alltag“ von verschiedenen Festen:
- Sonntage im Jahreskreis
- Dreifaltigkeitssonntag (nach Pfingsten)
- Fronleichnam (Donnerstag nach Dreifaltigkeit)
- Herz-Jesu-Hochfest (acht Tage nach Fronleichnam)
- Allerheiligen (1. November)
- Christkönigsfest (letzter Sonntag im Jahreskreis, also Sonntag vor dem 1. Advent)

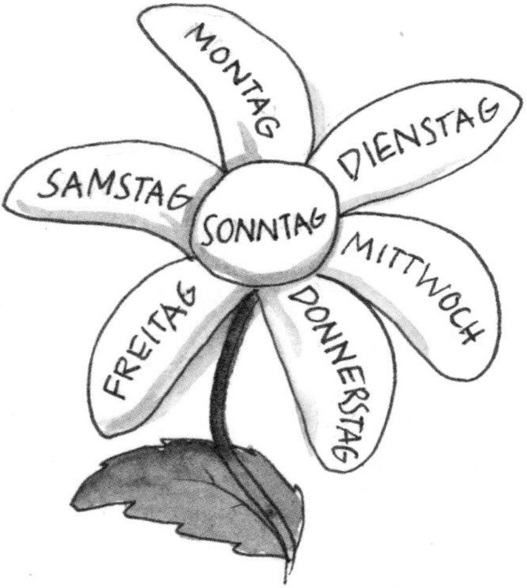

Sonntag

Es war der erste Tag der jüdischen Woche, als Frauen in Jerusalem das Grab Jesu leer vorfanden. Im Jahr 321 führte der römische Kaiser Konstantin den Sonntag als Wochenfeiertag ein. Seither feiern die Christen auf der ganzen Welt jeden Sonntag Gottesdienst. Schon die ersten Generationen der Christen trafen sich zum gemeinsamen Mahl, zum Hören auf das Wort der Heiligen Schrift.
Heute teilt sich die Christenheit in viele Kir-

chen und Gemeinschaften. Alle verbindet aber über die Grenzen der Konfessionen und Kontinente hinweg der Glaube an den dreieinigen Gott. An jedem Sonntag wird dieser Glaube im Gottesdienst mit Gebeten, Liedern und Verkündigung des Evangeliums gefeiert. Das stärkt die Christen untereinander und verbindet sie mit Gott.

Weihnachten

Die vier Wochen vor Weihnachten dienen der Vorbereitung auf die Ankunft des Herrn. „Advent“ bedeutet Ankunft. Die Adventszeit stimmt ein auf die Feier des Kommens Christi in diese Welt: Er ist vor 2000 Jahren als Mensch geboren, er kommt auch heute jeden Tag in unsere Gegenwart und er wird wiederkommen am Ende der Zeiten.
Christen glauben: Gott will den Menschen so nahe sein, dass er selbst ein Mensch wurde in seinem Sohn Jesus Christus. Dieser war, wie wir bekennen, in allem den Menschen gleich, außer der Sünde. Das ist das Geheimnis des Weihnachtsfestes: Die Geburt des Kin-

des im Stall – der große Gott macht sich ganz klein.
Das Wort „Weihnachten“ stammt aus dem 12. Jahrhundert und bedeutet ursprünglich „in den heiligen Nächten“. An Weihnachten feiern die Christen den Geburtstag Jesu. Das genaue Geburtsdatum kennt niemand. Erst im 4. Jahrhundert legte man den Termin auf den 25. Dezember, um das Fest des römischen Sonnengottes „Sol invictus“ zu verdrängen, das an diesem Tag stattfand. Die orthodoxen Christen feiern Weihnachten am 6. Januar.
Rund um das Weihnachtsfest hat sich ein vielfältiges Brauchtum entwickelt: Man stellt einen Weihnachtsbaum auf, singt Weihnachtslieder, verzehrt traditionelle Speisen und Backwaren und beschenkt einander. Die Krippe mit Figuren stellt die Geburt Jesu in einem Stall dar.

Karfreitag

Jesus verkündete das Reich Gottes und rief zur Umkehr auf. Sein öffentliches Wirken dauerte nur drei Jahre lang, dann fand es ein gewaltsames Ende: Er wurde von den Einflussreichen seines Volkes ausgeliefert und von der römischen Besatzungsmacht Israels durch Kreuzigung hingerichtet. Für die Anhänger Jesu war das zunächst eine Katastrophe: Konnte jemand, der wie ein Verbrecher getötet worden war, der Retter sein?

Durch die Auferstehung erlangten sie glaubende Gewissheit, dass Jesus gerade durch den Tod am Kreuz Erlösung erwirkte. Einem „Sündenbock" gleich trug er die Schuld der Welt und versöhnte so die schuldbeladene, getrennte Menschheit mit Gott. Das Kreuz ist für Christen nicht nur ein Sinnbild des Leidens, sondern auch des Lebens. Sie glauben, dass der Tod Jesu einen Sinn hatte.

Am Freitag vor Ostern, dem Karfreitag, erinnern sie sich an sein Leiden und Sterben. Der Karfreitag ist ein stiller Feiertag, der am Ende der Fastenzeit in ernsten Gottesdiensten der geheimnisvollen Taten Gottes dankbar gedenkt.

Ostern

Ostern ist das höchste Fest der Christen. Das Neue Testament erzählt von Ereignissen vor 2000 Jahren, die grundlegend für den Glauben wurden: Jesus zieht in Jerusalem ein. Er feiert mit seinen Freunden ein gemeinsames Mahl. Die Römer richten ihn an einem Freitag hin. Als am übernächsten Tag Frauen zu seinem Grab kommen, finden sie es leer vor: Jesus ist von den Toten auferstanden!

Mit der Kreuzigung war die „Sache Jesu" nicht einfach beendet. Im Zentrum des christlichen Glaubens steht das Bekenntnis zu seiner Auferweckung durch Gott am dritten Tag. Das Licht Christi vertreibt die finstere Nacht der Gottesferne: Ostern ist das Fest des Lebens, das den Tod besiegt.

Der Ostersonntag ist der Sonntag nach dem ersten Vollmond im Frühling. Manche Bräuche des Festes stammen aus vorchristlicher Zeit: Eier und Hasen gelten als Sinnbilder der

Fruchtbarkeit und des wiederkehrenden Lebens.

Pfingsten

Pfingsten ist das Fest des Heiligen Geistes. Nach dem Tod Jesu wagten sich seine Freunde nicht mehr aus dem Haus. Am Pfingsttag kam der Heilige Geist über sie; da fassten sie wieder Mut, gingen unter die Leute und begannen ihnen von Jesus zu erzählen. Pfingsten ist der „Geburtstag der Kirche“. Das Fest wird am 50. Tag nach Ostern gefeiert.

Wir Christen verehren den Heiligen Geist als eine „Person“ des dreifaltigen Gottes. Keine Zeit und kein Land, kein Volk und kein Einzelner hat den Heiligen Geist für sich gepachtet. Niemand kann ihn erzwingen. Gott wendet sich aber durch seinen Geist den Menschen zu: Wer sich ihm öffnet, kann ihn jederzeit und überall empfangen.

Der Heilige Geist ist da, wenn ...

Der Heilige Geist ist da, wenn Gutes geschieht:
wenn wir in großer Hektik ruhig werden können,
wenn wir in der Hitze etwas Kühlung finden,
wenn wir durstig sind und trinken dürfen,
wenn wir hungrig sind und satt werden,
wenn wir traurig sind und einer tröstet uns,
wenn jemand wieder den richtigen Weg findet,
wenn einer, der mürrisch war, wieder Freude hat,
wenn ein Einsamer nicht mehr allein ist,
wenn einer Schuld bekennen, ein anderer verzeihen kann,
wenn wir spüren, dass uns jemand liebt.

Wo der Geist Gottes ist, da kann man glücklich leben.
Deswegen beten wir:
Komm zu uns, Heiliger Geist!

ÖSTERLICHES BIBELQUIZ

Die Buchstaben der richtigen Antworten ergeben eine wichtige Botschaft.

1. Was feierte Jesus am Abend vor seinem Tod mit seinen Freunden? (Lukas 22,15)
seinen Geburtstag (A)
das Paschamahl (S)
das jüdische Laubhüttenfest (K)

2. Welchen Namen hatte der Jünger, der Jesus verraten hat? (Matthäus 26,47–49)
Judas (B)
Jesaja (A)
Josef (L)

3. Wie hieß der römische Statthalter, der Jesus verhörte? (Markus 15,1–2)
Julius Cäsar (H)
Pompejus Maximus (S)
Pontius Pilatus (J)

4. Unterwegs zur Kreuzigung zwangen die Soldaten einen Mann, für Jesus das Kreuz ein Stück weit zu tragen. Wie hieß er? (Markus 15,21)
Paulus von Tarsus (D)
Simon von Zyrene (S)
Josef von Arimathäa (G)

5. An welchem Ort wurde Jesus hingerichtet? (Matthäus 27,33)
auf dem Berg der Verklärung (O)
auf Golgota, der „Schädelhöhe" (T)
auf dem Sinai (W)

6. Was stand auf dem Schild, das am Kreuz über dem Kopf Jesu angebracht war? (Lukas 23,38)
König der Juden (U)
Heiland der Welt (V)
Verräter in Ewigkeit (E)

7. Warum gingen am Ostertag die Frauen zum Grab? (Markus 16,1–2)
Sie wollten dort frühstücken. (I)
Sie wollten den Leichnam einsalben. (E)
Sie wollten Blumen aufs Grab legen. (S)

8. Wohin waren Abend des Ostertages die zwei Jünger unterwegs, als ihnen der auferstandene Jesus begegnete? (Lukas 24,13)
nach Emmaus (E)
nach Nazaret (C)
nach Betlehem (Z)

9. Welcher Jünger wollte erst glauben, dass Jesus auferstanden war, nachdem er seine Finger in die Wunden Jesu legen konnte? (Johannes 20,24)
Thomas (L)
Petrus (A)
Bartholomäus (Q)

(Lösung auf Seite 151)

14. Kapitel

Die Leseordnung

Viele Stimmen, eine Botschaft

Wir sind eingeladen, im Gottesdienst möglichst viel aus der Bibel zu erfahren. Die Heilige Schrift ist eine Sammlung unterschiedlichster Texte: Spannende Geschichten sind darin zu finden, Lieder, Gebete, Predigten, Erzählungen, Briefe und anderes. Viele verschiedene Menschen haben an der Bibel mitgeschrieben. Die Texte entstanden in einem Zeitraum von mehr als tausend Jahren.
Die Bibel birgt einen großen Schatz von Glaubenserfahrungen. Um davon reichlich mitzubekommen, hören wir in jeder Messe mindestens eine Lesung aus dem Alten oder Neuen Testament und einen Abschnitt aus dem Evangelium. Für Sonntage sind zwei Lesungen plus Evangelium vorgesehen – in der Osternacht sind es gar acht!
Im Vorlesebuch für den Gottesdienst, dem Lektionar, stehen die Abschnitte aus der Bibel,

die für den entsprechenden Tag ausgewählt sind. Die Liturgie sieht vor, dass die Reihenfolge der Texte an Sonntagen alle drei Jahre, an Wochentagen alle zwei Jahre wieder von vorn beginnt. Wir sprechen von „Lesejahren“: A, B oder C an den Sonntagen, römisch I oder II an den Werktagen.

In drei Jahren durch die wichtigsten Teile der Bibel

Im Lesejahr A wird an Sonntagen das Evangelium nach Matthäus vorgetragen; im Lesejahr B das nach Markus und im Lesejahr C das Evangelium nach Lukas. Zu diesen Abschnitten werden jeweils passende Texte aus dem Alten und Neuen Testament ausgesucht.

Die Wochentage werden in die Lesejahre I und II eingeteilt. Da werden in der Lesung einige Bücher des Alten und Neuen Testaments abschnittweise vorgetragen. Die Evangelientexte sind in den Wochentagslesejahren I und II jeweils gleich.
Das Johannesevangelium hat eine Sonderstellung. In der ganzen Osterzeit wird es in den Messen der Sonntage und der Wochentage verkündet. Die Lesungen stammen dann aus der Apostelgeschichte.

Für Feste und Heiligengedenktage sieht die Leseordnung eine eigene Textauswahl vor. Es werden solche Abschnitte für Lesung und Evangelium genommen, die besonders zum Inhalt des Anlasses passen.
Mit einer kleinen Rechnung kann man schnell herausfinden, in welchem Lesejahr man sich befindet: Man errechnet aus der Jahreszahl die Quersumme (alle Ziffern zusammenrechnen) und teilt diese durch drei – nicht in Dezimalzahlen, sondern mit „Rest". Der Rest zeigt an, welches Lesejahr dran ist: Rest 0 = C, Rest 1 = A, Rest 2 = B. Ein Beispiel für das Jahr 2006 (beginnend mit dem 1. Advent noch im Jahr 2005 und endend am Samstag vor dem 1. Advent 2006):
2 + 0 + 0 + 6 = 8
8 : 3 = 2, Rest 2
Rest 2 = Lesejahr B

Für die Wochentage gilt folgende Faustregel: ungerade Jahreszahl = Lesejahr I, gerade Jahreszahl = Lesejahr II. Nicht vergessen: Das Kirchenjahr beginnt am 1. Advent!

Jahr	Sonntage	Wochentage
2006	B	II
2007	C	I
2008	A	II
2009	B	I
2010	C	II
2011	A	I
2012	B	II
2013	C	I
2014	A	II
2015	B	I
2016	C	II

Wer will das Leben?

Wer will das Leben?
Wer sucht das Glück?
Du sagst: Ich!
Wenn du das echte Leben suchst,
dann bewahre deine Zunge vor Bösem
und deine Lippen vor falscher Rede.
Meide das Böse und tu das Gute.
Suche den Frieden und jage ihm nach.
Wenn du tust, was Gott sagt,
dann ruhen seine Augen auf dir,

dann hat er ein Ohr für dich,
dann sagt er schon im Voraus:
Hier bin ich!
Gott ist gut.
Er zeigt uns den Weg zum
Leben.

Diese Ratschläge für Lebenshungrige gab vor fast 1500 Jahren – ein Mönch! Benedikt von Nursia (etwa 480–550) schrieb sie in seiner Regel für Menschen im Kloster.

WITZBOLD

Pit wird zum Pastor gerufen. Der hält ihm vor, dass er von anderen gehört habe, er mache schlechte Witze über ihn. – Doch Pit weiß sich zu verteidigen: „Zu mir, Herr Pastor, sagen sie aber immer, dass meine Witze über Sie ziemlich gut sind!“

15. Kapitel

Die Bistümer

Es steht nicht nur in Köln ein Dom

Vor rund zweitausend Jahren begann die Geschichte der Kirche: Als Jesus gestorben und auferstanden war, machten sich die Apostel auf in alle Welt und verkündeten das Evangelium. Das war damals ein aufwändiges Abenteuer: Ohne Flugzeug und Auto war Reisen sehr beschwerlich. In vielen Städten aber hörte man den Männern, die von Jesus Christus erzählten, aufmerksam zu. Es bildeten sich Gruppen von Menschen, die mehr von diesem Glauben wissen wollten: Die ersten Gemeinden entstanden – zum Beispiel in Nordafrika, Syrien, Griechenland, in Rom und dem Römischen Reich.

Der Vorsteher einer Gemeinde wurde Bischof genannt. Das heißt übersetzt „Wächter". Der Bischof soll über Lehre und Verkündigung wachen, also aufpassen, dass der Glaube richtig ist und die Christen gut zusammenhalten. Die ersten Bischöfe bekamen von den Aposteln die Hände aufgelegt; mit diesem Zeichen wurde ihnen das Amt übertragen, Die Bischöfe gaben diesen Segen an ihre Nachfolger weiter – so sind alle Bischöfe bis auf den heutigen Tag Nachfolger der Apostel.

Weil die Gemeinden im Laufe der Jahre zu groß und zu zahlreich wurden, benötigte der Bischof Helfer. Das waren zunächst die Diakone, später kamen dann die Priester dazu. Alle drei gemeinsam – Bischöfe, Priester und Diakone – bilden das Amt der Kirche. Jeder hat darin seine Aufgabe. Der Bischof leitet sein Bistum; dazu gehört, dass er Priester und Diakone weiht, das Sakrament der Firmung spendet, auch neue Kirchen und die heiligen Öle segnet.

Heute ist die ganze Erde in überschaubare Gebiete eingeteilt, in die Diözesen (vom griechischen Wort „dioikesis", was „Verwaltungsbezirk" bedeutet; man kann auch Bistum sagen). Die Bischöfe eines Landes schließen sich zu Bischofskonferenzen zusammen, wo sie gemeinsam wichtige Fragen beraten. An der Spitze aller Bischöfe steht der Papst in Rom.

Die deutschsprachigen Bistümer sind (Erzbistümer sind halbfett gekennzeichnet):

Deutschland

(Zahlen in Klammern beziehen sich auf die Karte S. 146)

Bamberg (20)
Eichstätt (24)
Speyer (16)
Würzburg (19)
Berlin (6)
Dresden-Meißen (13)
Görlitz (14)
Freiburg (21)
Mainz (18)
Rottenburg-Stuttgart (22)
Hamburg (1)
Hildesheim (4)
Osnabrück (2)
Köln (8)
Aachen (7)
Essen (9)
Limburg (17)
Münster (3)
Trier (15)
München-Freising (25)
Augsburg (23)
Passau (27)
Regensburg (26)
Paderborn (10)
Erfurt (12)
Fulda (11)
Magdeburg (5)

Österreich

Salzburg
Feldkirch
Graz-Seckau
Gurk-Klagenfurt
Innsbruck
Wien
Eisenstadt
Linz
St. Pölten

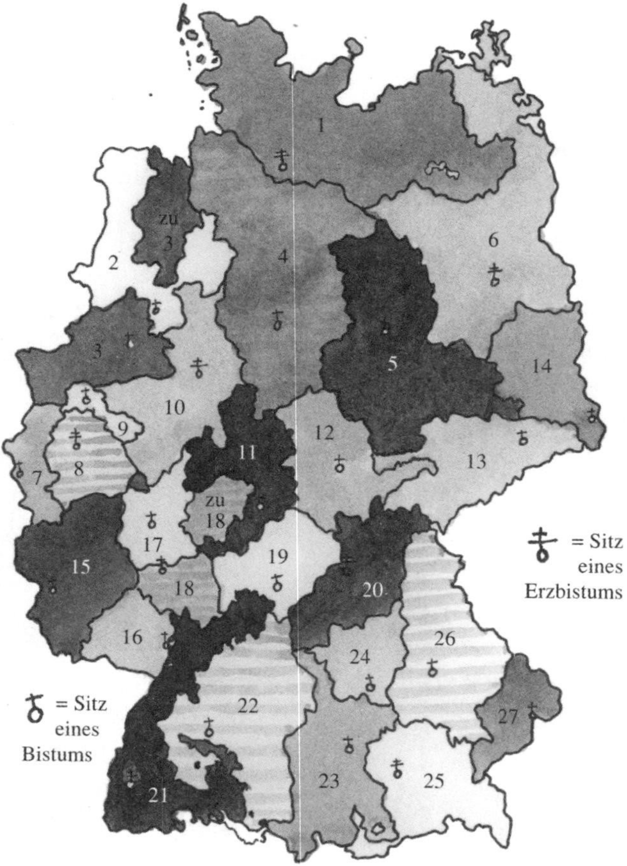
1
zu 3
2
4
6
3
5
14
10
9
8
7
12
11
13
zu 18
17
15
19
18
20
= Sitz eines Erzbistums
16
26
24
22
= Sitz eines Bistums
27
23
25
21

Schweiz

Basel
Chur
Lausanne-Genf-Freiburg
Lugano
Sitten
St. Gallen
Abtei Einsiedeln
Abtei St. Maurice

Übriges Europa

Bozen-Brixen (Italien)
Lüttich (Belgien)
Luxemburg (Luxemburg)
Vaduz (Liechtenstein)

Eine Welt für sich – die Pfarrgemeinde

Kennst du deine Pfarrgemeinde? Weißt du, was da alles los ist? Wie viele Gruppen treffen sich da, Kinder, Jugendliche, Erwachsene und Senioren? Was macht man in all den Kreisen – Bibel lesen, basteln, singen, diskutieren, Fußball spielen, gemeinsam Kaffee trinken und erzählen?
Eine Gemeinde besteht aus ganz verschiedenen Menschen. Den einen ist alles zu altmodisch, den anderen zu modern. Die einen wün-

schen sich, dass mehr los ist, die anderen möchten es ruhiger haben. Eine Gemeinde kann nur funktionieren, wenn alle miteinander arbeiten. Jeder bringt seine Gaben und Fähigkeiten ein, denn jeder kann etwas und niemand kann nichts. Wer kochen kann, soll kochen, wer vorlesen kann, lese vor …

Eine Gemeinde kann man mit der Besatzung auf einem Schiff vergleichen: Ob am Ruder, am Segel oder im Ausguck, jeder hat seine Aufgabe. Oder man kann sagen, eine Gemeinde ist wie eine Fußballmannschaft: Stürmer, Verteidiger und Torwart gewinnen nur, wenn sie miteinander spielen und nicht gegeneinander.

Die Gemeinde ist wie ein Garten, in dem bunte Blumen, saftiges Obst und knackiges Gemüse, aber auch Disteln und Dornen, wachsen. Manche Früchte brauchen länger zum Reifen als andere; manches schmeckt süß, anderes bitter; Blüten kann man meistens nicht essen, aber sie verschönern das Leben.

Gott macht aus der Gemeinde eine Familie: Er ist uns wie ein Vater und eine Mutter; wir sind untereinander Schwestern und Brüder. Und wie in unserer „richtigen“ Familie gibt es da schon mal Zank, weil verschiedene Meinungen aufeinander prallen. Aber wir halten zueinander und freuen uns, dass wir zusammengehören.

Gemeinde-Steckbrief

Meine Pfarrgemeinde heißt:

____

Zu ihr gehören etwa ___ katholische Christen.

Unser Pfarrer heißt:

____

Andere Priester in der Gemeinde (Kaplan, Pfarrvikar, Subsidiar): ________________

Unser Diakon: ____________________

Unsere Pastoral- / Gemeindereferentin bzw. unser Pastoral- / Gemeindereferent:

____

Unser Jugendleiter:

____

Zur Gemeinschaft der Ministranten gehören ___ Mädchen und ___ Jungen.

Die Oberministrantin / der Oberministrant heißt:

____

Der Pfarrgemeinderat wird geleitet von:

In der Gemeinde gibt es folgende Gruppen und Kreise:

GESCHWISTERLIEBE

Sabine bekommt eine Tüte Gummibärchen geschenkt; sie isst die Tüte sofort leer. „Aber Sabine“, ermahnt sie ihre Mutter, „hast du denn gar nicht an deinen Bruder gedacht?“ – „Ich habe die ganze Zeit an ihn gedacht und gehofft, dass er bloß nicht kommt, solange noch etwas in der Tüte ist!“

Lösungen

Miniquiz

1. Minigolf, 2. Minarett, 3. Minimal, 4. Miniatur, 5. Minirock, 6. Ministrant, 7. Minibar, 8. Minnesota, 9. Miniski, 10. Minestrone

Weihnachtsquiz

IMMANUEL

Osterquiz

JESUS LEBT

Stichwortregister – schlag nach!

Dient dem Herrn mit Freude!
Kommt vor sein Antlitz mit Jubel!
(Psalm 100,2)

....

(Name)

wurde am ....
in die Gemeinschaft der Ministranten
der Pfarrgemeinde

....

aufgenommen.

Ort: ....

Datum: ....

....
(Oberministrant / in)

....
(Pfarrer) Siegel